D1674766

Panoptikum der Sterne

Max Waldmeier

Panoptikum der Sterne

15 Porträts berühmter Sterne

Hallwag Verlag Bern und Stuttgart

Titelbild: Die Plejaden,
aufgenommen mit dem 122-cm-Schmidtspiegel
auf Mt. Palomar

© 1976 Hallwag AG Bern
Gesamtherstellung: Hallwag AG Bern
ISBN 3 444 10211 9

Inhalt

Vorwort

Das «Panoptikum» ist eine Sammlung von 15 Aufsätzen über berühmt gewordene Sterne. Jeder von ihnen ist ein Repräsentant einer großen Gruppe ähnlicher Objekte. Die Aufsätze sind in sich geschlossen, und jeder von ihnen kann ohne die Kenntnis der übrigen studiert werden. Der Leser, der in astronomischen Belangen bereits etwas Bescheid weiß, kann deshalb in beliebiger Reihenfolge herausgreifen, was ihn interessiert. Dem mit der Materie weniger Vertrauten hingegen sei empfohlen, die Aufsätze in der hier gewählten Reihenfolge zu lesen. Sie sind nämlich nach einer Art Chronologie geordnet, indem die ersten heute bereits als klassisch zu bezeichnende Fälle behandeln, die späteren Ergebnisse moderner Sternforschung und die letzten die aktuellsten Probleme, die noch ganz im Fluß sind.

Den einzelnen Kapiteln sind Kärtchen vorangestellt, auf denen das besprochene Objekt mit einem Kreuz markiert ist. Auf diesen Kärtchen entsprechen 34 Millimeter 10° am Himmel. Schwächere und hellere Sterne sind durch kleinere bzw. größere Punkte voneinander unterschieden. Norden ist immer oben.

Da jeder Aufsatz für sich allein lesbar und verständlich sein sollte, ohne Vor- und Rückverweisungen auf andere Kapitel, war nicht zu vermeiden, gewisse Tatsachen und Erscheinungen, die vielen Sterntypen gemeinsam sind, mehrfach zu erwähnen. Es handelt sich jedoch jeweils mehr um Ergänzungen als um Wiederholungen.

Trotz der großen Verschiedenheit der ausgewählten 15 Sterne haben diese doch auch viel Gemeinsames. Dieses Gemeinsame ist, um es nicht in jedem Aufsatz wieder sagen zu müssen, im Prolog zusammengefaßt. Mit diesem ist die Lektüre des Buches zu beginnen; der Fortgeschrittene wird darin eine Auffrischung seines Wissens finden, der Anfänger die zum Verständnis der übrigen Kapitel notwendigen Grundlagen.

M. Waldmeier

Prolog

Mittelalterliche Darstellung der Bestimmung von Sternpositionen

Der nächtliche Himmel ist übersät mit Sternen. Wenn wir ihn mit einem auch nur bescheidenen Fernrohr durchmustern, finden wir sie zu Millionen. Unser ganzes Sternsystem aber, die Milchstraße, enthält an die hundert Milliarden Sterne. Sie alle erscheinen auch in den größten Teleskopen einfach als Lichtpunkte, die einen weiß, andere bläulich oder gelb oder rötlich. Enorm verschieden sind hingegen ihre Helligkeiten. Diese sind aber nicht charakteristische Eigenschaften der Sterne selber, sondern wesentlich mitbestimmt durch deren Entfernung; die uns hell erscheinenden sind vorwiegend die uns nahen, die schwachen die fernen. Die Monotonie der Sterne ist aber nur vorgetäuscht durch ihre große Entfernung, wie eine aus großer Distanz betrachtete Stadt nur aus Häusern ohne Individualität zu bestehen scheint. Könnten wir die Sterne aus der Nähe beobachten, etwa wie unsere Sonne, würde man erkennen, daß wohl keine zwei exakt gleich aussehen. Die einen sind so groß, daß die ganze Erdbahn darin Platz finden könnte, andere, Sterne im Taschenformat, haben einen Durchmesser von nur einigen Kilometern. Es gibt Sterne, die sich in einer Sekunde dreißigmal um ihre Achse drehen, und Doppelsterne mit einer Umlaufzeit von Tausenden von Jahren. Die Dichte in den Sternen kann zehn Millionen Mal kleiner bis hundert Billionen Mal größer sein als diejenige des Wassers. In diesen enormen Spielbereichen der physikalischen Zustandsgrößen, die weit über die irdisch bekannten hinausgreifen, liegt ein nicht unbedeutender Stimulus für die Weltallforschung. Im Universum findet man Materie unter Bedingungen, wie sie irdisch weder existieren noch künstlich realisiert werden können. Das Verhalten dieser Materie erweitert unsere Kenntnisse über den Rahmen der irdischen Physik hinaus. Die nachfolgenden Berichte möchten eine Vorstellung geben von der Mannigfaltigkeit unter den uns nur als Lichtpünktchen erscheinenden Sternen.

Schon im Altertum sind die Sterne nach ihrer Helligkeit in Klassen eingeteilt worden. Die hellsten nannte man solche der ersten Klasse, die schwächsten, mit bloßem Auge gerade noch sichtbaren, solche der sechsten. Dies erinnert an die

Rangordnung bei Wettspielen, wo der Beste der Erste ist. Für die Sternhelligkeiten ist diese Klassifikation aber ungeeignet, weil die Maßzahl abnimmt, wenn die vom Stern erhaltene Lichtmenge zunimmt. Überdies sind nicht die Differenzen der Intensitäten aufeinanderfolgender Klassen konstant, sondern deren Quotienten. Dies hängt damit zusammen, daß die Empfindung des Auges nicht der erhaltenen Intensität proportional ist, sondern ihrem Logarithmus. Als die Technik in der Mitte des 19. Jahrhunderts so weit fortgeschritten war, daß man die Sternhelligkeiten nicht mehr schätzen mußte, sondern messen konnte, war die antike Helligkeitsskala schon so sehr eingebürgert, daß es nicht zweckmäßig erschien, sie durch eine neue, selbst nicht durch eine bessere zu ersetzen. Hingegen bedurfte sie einer exakteren Festlegung. Im Mittel erhalten wir von einem Stern 1. Größe rund hundertmal mehr Licht als von einem solchen 6. Größe. Das Intensitätsverhältnis 1:100 für 5 Größenklassen ist zur Definition des Helligkeitssystems gemacht worden. Der konstante Faktor, um den sich die Intensität des Lichtes eines Sternes beim Übergang von einer Klasse zur nächsten ändert, ist somit die fünfte Wurzel aus hundert oder näherungsweise 2,5. Von einem Stern 1. Größe erhalten wir 2,5mal mehr Licht als von einem 2. Größe, von diesem ebenso 2,5mal mehr als von einem der 3. Größe. Mit fortschreitender Meßgenauigkeit genügte die grobe Einteilung in ganze Größenklassen nicht mehr, weshalb eine dezimale Unterteilung eingeführt wurde. Die erwähnte Definition gibt nur die Größenklassendifferenzen zwischen verschiedenen Objekten. Um jedem Stern eindeutig eine «Helligkeit» zuordnen zu können, muß noch der Nullpunkt der Skala festgelegt werden. Auch hier blieb man der Tradition treu, indem der Polarstern die Helligkeit $2^m.12$ erhielt, wodurch die überlieferten, wenn auch ungenauen Helligkeiten im großen und ganzen beibehalten werden konnten. Das hochgesetzte m ist hier kein Exponent, sondern bedeutet lediglich magnitudo = Größenklasse.

Nach der Erfindung des Fernrohrs ist die Helligkeitsskala über m = 6 hinaus fortgesetzt worden, immer unter Beachtung des Intensitätsverhältnisses von 2,5 zwischen aufeinanderfolgenden Klassen. Die schwächsten heute erfaßbaren Objekte liegen bei m = 23. Auch auf der Seite der hellen Objekte kann die Skala beliebig weit zu negativen Klassen erweitert werden. Die Helligkeit des Vollmondes beträgt $-12^m.74$, diejenige der Sonne $-26^m.86$.

Alle diese Helligkeiten bezeichnet man als «scheinbare», denn es sind die Helligkeiten, unter denen uns die Gestirne erscheinen. Sie sind wesentlich verschieden von der «wahren» Helligkeit, also von der Strahlungsemission der Sterne oder, wie man sagt, von der Leuchtkraft. Zwei an sich gleich leuchtkräftige Sterne haben verschiedene scheinbare Helligkeiten, je nach ihrer Entfernung, indem die erhaltene Lichtmenge mit dem Quadrat des Abstandes abnimmt. Um Maßzahlen zu erhalten, welche die Leuchtkraft der Sterne charakterisieren, muß der Einfluß der Distanz eliminiert werden. Man kann sich dazu alle Sterne in dieselbe Entfernung versetzt denken; wenn sie so nebeneinandergestellt wären, würden diejenigen mit der größten Leuchtkraft als die hellsten, diejenigen mit der kleinsten als die schwächsten erscheinen. Für die Standardentfernung, in welche man die Sterne versetzt denkt, hat man sich auf 10 parsec geeinigt. Das parsec ist diejenige Entfernung, aus welcher der Radius der Erdbahn unter einem Winkel von einer Bogensekunde erscheint. Zur Zurücklegung dieser Distanz benötigt das Licht 3,26 Jahre. Die Standardentfernung beträgt somit 32,6 Lichtjahre. Die scheinbare Helligkeit, welche der Stern hätte, falls er sich in dieser Entfernung befinden würde, nennt man seine «absolute» Helligkeit M. Ein Stern, der in einer Distanz von 100 parsec steht, möge die scheinbare Helligkeit m = 7 haben. In 10 parsec Entfernung würde er hundertmal heller erscheinen und besitzt deshalb die absolute Helligkeit M = 2. Die absolute Helligkeit ist ein Maß für die Ausstrahlung des Sternes, ein logarithmisches Maß und deshalb wenig bildhaft. In anschaulicherer Weise werden deshalb die Leuchtkräfte in Einheiten derjenigen der Sonne ausgedrückt. Ein Stern, dessen absolute Helligkeit um 5 Größenklassen kleiner ist als diejenige der Sonne, welche $4^m.73$ beträgt, hat eine hundertmal größere Leuchtkraft als diese.

Eine weitere wichtige Aussage über die Sterne liefern die schon erwähnten Farben. Wenn ein Körper allmählich aufgeheizt wird, beginnt er zu strahlen. Zunächst gibt er nur Wärme ab, bei 800° wird er rotglühend und ändert mit wachsender Temperatur die Farbe über Orange, Gelb und Weiß nach Blau. Auf die Sterne angewendet bedeutet Rot eine Oberflächentemperatur von 4000°, Orange eine solche von 5000°, Gelb eine von 6000°, Weiß eine von 9000° und Blau eine solche von 30000°. Die hier und im folgenden benutzten sogenannten absoluten Temperaturen liegen um 273° höher als diejenigen der Celsiusskala, so daß z.B. die absolute Temperatur des siedenden Wassers 373° beträgt. Bessere Werte als aus den Sternfarben kann man erreichen, wenn das Licht des Sternes in sein Spektrum zerlegt wird. Dieses enthält nämlich nicht allein das bekannte Farbband von Rot bis Blau, sondern auch zahlreiche schmale dunkle Bänder, sogenannte Absorptionslinien. Jede dieser Linien hat eine bestimmte Atomsorte zum Träger. In einzelnen Sternspektren dominieren die Wasserstofflinien, in andern die Heliumlinien, wieder in andern Linien von Metallen oder Molekülen. Dies könnte zu der Vermutung führen, es gäbe Sterne, welche vorwiegend aus Wasserstoff bestehen oder aus Helium oder aus Metallen. Diese Vorstellung wäre aber irrig, indem die chemische Zusammensetzung der Sterne – von einzelnen Ausnahmen abgesehen – sehr einheitlich ist. Es sind nicht chemische Unterschiede, sondern physikalische, welche in der einen Sternatmosphäre diese, in einer andern jene Linien auftreten lassen. Vor allem ist dafür die Temperatur verantwortlich und damit die Energie der Atome, denn diese ist der Temperatur proportional. Die Anregungsenergien der Wasserstofflinien sind höher als diejenigen der Metalle, diejenigen der Heliumlinien höher als diejenigen der Wasserstofflinien. Das Auftreten der verschiedenen Linien und deren Intensitäten sind ein weit feineres Kriterium für die Temperatur als die Sternfarbe. Die sieben Haupttypen der Spektralklassifikation werden mit abnehmender Temperatur mit O (40 000°), B (25000°), A (10000°), F (7500°), G (6000°), K (5000°) und M (4000°) bezeichnet. Die Hauptmerkmale sind für Klasse O Linien von ionisiertem Helium, für Klasse B neutrales Helium, für A Wasserstoff, für F Wasserstoff und ionisierte Metalle, für G neutrale Metalle und ionisiertes Kalzium, für K neutrales und ionisiertes Kalzium und für M neutrales Kalzium und Titanoxid. Die Sonne hat die Spektralklasse G.

Die positiv geladenen Kerne der Atome sind von negativ geladenen Elektronen umgeben, wobei das Atom als Ganzes elektrisch neutral ist. Bei Aufwendung von Energie, etwa bei einem Zusammenstoß, können Elektronen abgelöst werden. Je nach der Zahl der abgetrennten Elektronen ist das Atom ein-, zwei- oder mehrfach ionisiert. Derartige Atome heißen Ionen. Mit der Temperatur steigt die Energie der Stoßpartner und deshalb auch der Ionisationsgrad.

Die Temperatur der Sternatmosphäre bestimmt, wieviel Strahlung von einem Quadratmeter abgegeben wird. Wie viele Quadratmeter die Oberfläche des Sternes beträgt, wird durch seinen Radius festgelegt. Aus Temperatur und Radius berechnet sich somit die Leuchtkraft. Allerdings lassen sich die Radien nur bei wenigen Sternen messen, etwa bei nahe stehenden Riesensternen oder bei Doppelsternen, deren Komponenten sich gegenseitig bedecken. Hingegen kann man bei allen Sternen den Radius aus der Leuchtkraft und der Temperatur berechnen, also aus der Gesamtausstrahlung und der Ausstrahlung pro Quadratmeter. Diese Beziehung zwischen den Zustandsgrößen Radius, Temperatur und Leuchtkraft ist in der Abbildung auf S. 15 dargestellt. Darin ist in zunehmendem Sinn von rechts nach links die Temperatur T und von unten nach oben die Leuchtkraft L aufgetragen, am rechten Rand in Einheiten der Leuchtkraft der Sonne, am linken durch die ihr äquivalente absolute Helligkeit M. Jeder Stern wird entsprechend seiner Temperatur und seiner Leuchtkraft durch einen Punkt dargestellt. Da jede Kombination dieser beiden Zustandsgrößen denkbar ist, könnten Sternpunkte das ganze Diagramm bevölkern. Sterne von kleiner Leuchtkraft haben auch – unabhängig von ihrer Temperatur – kleine Dimensionen. Die durch Punkte im unteren Teil des Diagramms repräsentierten Sterne sind somit Zwerge, wobei verständlicherweise ein heißer Zwerg eine höhere Leucht-

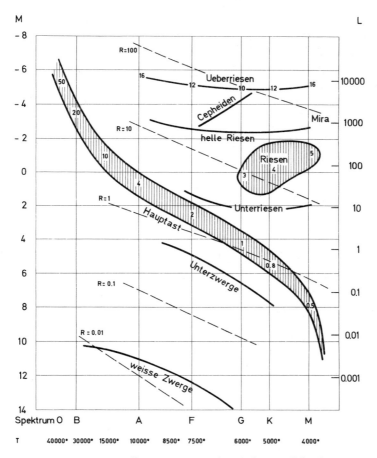

Das Hertzsprung-Russell-Diagramm. Rechts ist die Leuchtkraft in Einheiten derjenigen der Sonne aufgetragen, links die absolute Helligkeit und unten die Oberflächentemperatur bzw. der Spektraltyp. Die Zahlen geben die Masse, ebenfalls in Einheiten derjenigen der Sonne. Durch die gestrichelten Linien sind schließlich die Orte der Sterne eingezeichnet, deren Radius 0,01, 01, 1, 10 und 100 Sonnenradien beträgt.

kraft besitzt als ein kühler. Aus derselben Überlegung folgt, daß die Sterne mit großer Leuchtkraft, also jene, die im oberen Teil des Diagramms liegen, Riesen sind. Als um 1913 E. Hertzsprung und H.N. Russell erstmals ein solches Diagramm aufstellten, fiel auf, daß die Sterne keineswegs in allen seinen Bereichen auftreten, sondern daß in der Natur nur ganz bestimmte Kombinationen von Temperatur und Leuchtkraft realisiert sind. Die meisten Sterne, wohl über 90%, liegen in einem schmalen Band, das von links oben nach rechts unten verläuft, dem Hauptast des Hertzsprung-Russell-Diagramms. Ein zweiter, etwas weniger dicht besetzter Bereich liegt rechts oben; er enthält die roten Riesen, Sterne, welche trotz ihrer niedrigen Temperatur große Leuchtkräfte besitzen. Eine dritte Gruppe liegt links unten, also im Bereich der kleinen Sterne mit relativ hoher Temperatur; es sind somit weiße Zwerge. Weniger markante Gruppierungen finden sich als Unterzwerge unter dem Hauptast, als Unterriesen unter dem Riesenast und als Überriesen im obersten Bereich des Diagrammes. Die gestrichelten Linien geben die Orte, auf denen sich die Sterne mit Radien von 0,01, 0,1, 1, 10 und 100 Sonnenradien befinden. Schließlich geben die eingetragenen Zahlen die Sternmasse in Einheiten der Sonnenmasse. Daraus ist ersichtlich, daß längs des Hauptastes die Leuchtkraft mit der Masse zunimmt.

Die Linien in den Spektren der Sternatmosphären ermöglichen eine qualitative und quantitative Bestimmung ihrer chemischen Zusammensetzung. Darüber hinaus liefern exakte Messungen der Wellenlängen der Linien, gleichgültig von welcher Atomart diese stammen, die Geschwindigkeit, mit welcher der Stern sich uns nähert oder sich von uns entfernt. Jene Wellenlängen weichen stets mehr oder weniger von denjenigen ab, welche man für dieselben Linien im irdischen Laboratorium erhält. Wenn der Abstand zwischen dem Stern und dem Beobachter sich verkleinert, erreichen aufeinanderfolgende Lichtwellen den Beobachter in kürzeren Abständen, wenn sich jener vergrößert, in längeren. Bei Annäherung wird somit die Wellenlänge verkleinert, bei Entfernung vergrößert, was man als Doppler-Effekt bezeichnet. Jene be-

16

wirkt deshalb eine Verschiebung der Linie nach dem kurz-
welligen, also blauen Ende des Spektrums, diese eine solche
nach dem roten Ende. Aus dem Betrag der Blau- bzw. Rotverschiebung erhält man jedoch nur die Geschwindigkeitskomponente in der Blickrichtung, die sogenannte Radialgeschwindigkeit. Die Komponente senkrecht zur Verbindungsrichtung zwischen Beobachter und Lichtquelle hat auf die
Wellenlänge keinen Einfluß. Die Einheit, in welcher die Wellenlängen gemessen werden, das Ångström (Å), beträgt einen
hundermillionstel Zentimeter. Grünes Licht besitzt eine
Wellenlänge von 5000 Å, und eine Radialgeschwindigkeit
von 30 Kilometer pro Sekunde bewirkt eine Doppler-Ver-
schiebung von 0,5 Å.

Die Sterne können nur immerfort strahlen, wenn in ihnen
ein Mechanismus am Werke ist, der die verlorene Energie
dauernd ersetzt. Die Temperatur muß von der Oberfläche
gegen das Zentrum enorm ansteigen, ansonsten der Stern
unter der Wirkung seiner Gravitation sich auf eine kleine
Kugel zusammenziehen würde. Mit der Temperatur steigt
auch der Druck, der den Kollaps verhindert und zu einer
Gleichgewichtsformation zwischen den zentrifugalen und
den zentripetalen Kräften führt. Die Temperaturen im Kern
der Hauptreihensterne liegen bei 15 Millionen Grad. Unter
diesen Bedingungen besteht die Materie aus freien, positiv
geladenen Atomkernen und ebenfalls freien, negativen Elektronen. Unter irdischen Bedingungen reagieren die Atomkerne nicht miteinander, denn ihre gegenseitige enorme elektrische Abstoßung verhindert, daß sie sich nahe kommen
oder sogar ineinander eindringen. Im Innern der Sterne ist das
anders; natürlich wirkt auch dort die elektrische Abstoßung,
aber zufolge der hohen Temperatur besitzen die Kerne so
hohe Geschwindigkeiten, daß sie die Abstoßung überwinden
können. Am leichtesten geschieht dies zwischen den Kernen
des Wasserstoffs, weil diese die kleinste Ladung und damit
die kleinste Abstoßung aufweisen. Bei der Verschmelzung der
Kerne des Wasserstoffs entstehen solche des Heliums. Das ist
die ganze Bilanz der kernphysikalischen Reaktionen in den
Sternen der Hauptreihe. Warum aber ist damit eine Energieer-

zeugung verbunden? Bei chemischen Umwandlungen ist die Masse der Endprodukte exakt gleich derjenigen der Ausgangsprodukte. Nicht so bei den Kernreaktionen. Vier Wasserstoffkerne mit je einer Masse von 1,008 Atomgewichtseinheiten vereinigen sich zu einem Heliumkern mit einer Masse von 4,004. Die Massenbilanz stimmt also nicht, indem fast 1% der Masse bei der Fusion verschwindet. Wo geht sie hin? Masse kann in Energie verwandelt werden nach der Einsteinschen Äquivalenz: Energie ist gleich Masse mal das Quadrat der Lichtgeschwindigkeit. Da die Lichtgeschwindigkeit sehr groß ist, entspricht die Masseneinheit einer riesigen Zahl von Energieeinheiten, oder anders ausgedrückt: Materie ist eine äußerst konzentrierte Form von Energie. Die Ausstrahlung der Sonne bewirkt einen Massenverlust von vier Millionen Tonnen pro Sekunde. Obgleich sie seit einigen Milliarden Jahren in ihrer heutigen Intensität strahlt, hat ihre Masse während ihrer ganzen Entwicklung nur um einige Zehntausendstel, ihr Wasserstoffgehalt nur um einige Prozent abgenommen. Sie kann somit noch sehr viel länger strahlen, als sie es bisher getan hat. Da aber die «Verbrennung» von Wasserstoff zu Helium nur im innersten Kern stattfindet, wird dort der Vorrat an Brennstoff rascher abgebaut, während er in den äußeren Teilen unversehrt bleibt. Auch unter diesen Umständen kann die Sonne noch Milliarden von Jahren weiterstrahlen. Während dieser ganzen langen Entwicklung behält die Sonne ihren Platz im Hertzsprung-Russell-Diagramm unverändert bei. Anders etwa ein Stern der Klasse O oder B oder ein Überriese. Diese Objekte haben zwar eine einige zehnmal größere Masse, aber eine zehntausendmal größere Leuchtkraft als die Sonne, so daß ihr Wasserstoffvorrat tausendmal weniger lang vorhält, ihre «Brenndauer» somit nur Millionen Jahre beträgt. Wenn wir heute solche Sterne sehen, können sie vor Millionen von Jahren noch nicht gestrahlt haben, müssen also – kosmisch gesehen – junge Sterne sein.

18

61 Cygni

Bei astronomischen Objekten, schon bekannten und neu entdeckten, stellt man zuerst und immer wieder die Frage nach ihrer Entfernung. Sie ist bei nahen Himmelskörpern, wie Sonne, Mond und Planeten, leicht und exakt zu beantworten, schwieriger und unsicherer jedoch, je ferner das Objekt ist. Die Kopernikanische Lehre hat Ordnung und Rangordnung in das Planetensystem gebracht. Die Sterne aber stehen irgendwo, sicher sehr weit draußen im Raum. Nach der ptolemäischen Vorstellung sind sie an der äußersten Sphäre, der Himmelskugel, fixiert, alle im gleichen Abstand, und werden von dieser bei ihrem täglichen Umschwung mitgeführt. Dies erklärt, warum die Sterne, anders als die Planeten, ihre gegenseitige Lage beibehalten. Nachdem aber dieser Umschwung als das Abbild der Drehung unserer Erde erkannt worden war, hatte die Himmelssphäre ihre Funktion verloren, und es bestand kein Grund mehr für die Annahme, alle Sterne seien gleich weit von uns entfernt.

Es sind verschiedene Gründe, warum das heliozentrische System nur zögernd Eingang gefunden hat. Einer war die Einsicht, daß dieses System den Beweis seiner Richtigkeit nicht schon in sich trägt, sondern die Bewegungen der Planeten lediglich in einem andern Koordinatensystem darstellt. In kinematischer Hinsicht – und bei Kopernikus ging es nur um die Kinematik – sind das geozentrische und das heliozentrische System äquivalent. Kopernikus hat auch nie von einem Beweis gesprochen, sondern lediglich von einer alternativen Darstellungsart, deren Richtigkeit er nur durch ihre größere Einfachheit plausibel machen konnte.

Möglichkeiten, die beiden Systeme gegeneinander auszuspielen, ergeben sich immer dann, wenn sie zu verschiedenen Konsequenzen führen, zwischen welchen durch Beobachtung entschieden werden kann. Wenn die Erde der ruhende Mittelpunkt ist, sehen wir einen Stern stets in derselben Richtung, wenn aber unser Beobachtungsort um die Sonne wandert, ändert sich auch die Richtung zum Stern fortwährend, bis dieser nach Ablauf eines vollen Umschwunges wieder am ursprünglichen Ort erscheint. Diese jahresperiodische Bewegung, die also nur eine scheinbare ist, vorgetäuscht durch die

Bewegung der Erde, nennt man die parallaktische Verschiebung. Eine derartige periodische Veränderung der Sternkoordinaten war aber zur Zeit des Kopernikus nicht bekannt. Die parallaktische Verschiebung ist um so kleiner, je weiter das Objekt entfernt ist. Steht man in einer Allee, so hat man Bäume in ganz verschiedener Entfernung vor sich. Tritt man einen Schritt zur Seite, so ändert sich die Richtung zum nächsten Baum stark, diejenige zu einem ferneren weniger und diejenige zu den fernsten kaum. Gegen die Nichtexistenz oder zumindest Nichtbeobachtbarkeit der parallaktischen Bewegung, die zunächst zugunsten des geozentrischen Systems zu sprechen schien, konnte das heliozentrische System nur gerettet werden durch das Postulat, die Sterne seien eben so weit entfernt, daß ihre parallaktische Verschiebung, oder kurz ihre Parallaxe, kleiner sei als die damalige Meßgenauigkeit. Dies war in der nachkopernikanischen Zeit mit ein Grund, die Beobachtungstechnik ständig zu verbessern und die Positionen der Sterne immer wieder und mit größter Akribie zu messen. Bei diesen Bemühungen sind vorerst verschiedene unerwartete Erscheinungen entdeckt worden, nicht aber die Parallaxe. Für diese ließen sich immer nur obere Grenzwerte, für die Entfernungen der Sterne somit untere Grenzwerte angeben. Als dann endlich, fast drei Jahrhunderte nach Kopernikus, die parallaktische Verschiebung bei einigen Sternen nachgewiesen werden konnte, bedurfte das heliozentrische System dieses Beweises längst nicht mehr.

Die fortgesetzten erfolglosen Bemühungen ließen nur den Schluß zu, daß die Sterne sehr weit entfernt sind. Zunächst konnte man nur sagen, daß die Sterne sicher mehr als tausendmal, später daß sie mehr als zehntausendmal, schließlich daß sie mehr als hunderttausendmal weiter entfernt sind als unsere Sonne. Wie weit sie aber wirklich von uns abstehen, blieb unbeantwortet. Eine − allerdings recht vage − Abschätzung der Distanzen der Sterne kann man auch aus deren Helligkeiten erhalten. Vom hellsten Stern am Firmament, von Sirius, erhalten wir zehn Milliarden Mal weniger Licht als von der Sonne. Da die Helligkeit umgekehrt proportional ist dem Quadrat des Abstandes, müßte unsere Sonne hunderttausendmal weiter entfernt sein, damit sie in gleicher Helligkeit erscheinen würde wie Sirius. Da wir heute wissen, daß die Leuchtkraft des Sirius diejenige der Sonne weit – etwa um das 25fache – übertrifft, muß seine Entfernung einige hunderttausendmal größer sein als diejenige der Sonne. Aus einer solchen Entfernung betrachtet erscheint der Radius der Erdbahn, die sogenannte astronomische Einheit zu 150 Millionen Kilometer, unter einem Winkel von etwa $^1/_2$ Bogensekunde. Versuche zur Bestimmung der Entfernung von Sternen, selbst von den nächsten, aufgrund von Positionsveränderungen konnten deshalb erst dann von Erfolg gekrönt sein, als eine Meßgenauigkeit von etwa $^1/_{10}$ Bogensekunde erreicht war.

Die Positionen der Sterne, die es exakt zu messen gilt, werden verfälscht, indem das Licht beim Durchgang durch die Atmosphäre von seiner ursprünglichen Richtung abgelenkt wird. Es handelt sich dabei um Beträge, die bis tausendmal größer sind als die zu erwartenden parallaktischen Verschiebungen. Nur in *einer* Stellung bleibt diese Lichtablenkung, die Refraktion, ohne Einfluß, nämlich wenn der Stern im Zenit steht. Deshalb hat Bradley versucht, die Parallaxe vom Stern γ Draconis zu bestimmen, der in Greenwich beim Durchgang durch den Meridian nahezu diese ausgezeichnete Lage erreicht. Er fand im Jahre 1728 an diesem Stern tatsächlich eine jahresperiodische Positionsänderung, deren Amplitude 20 Bogensekunden betrug. Er merkte aber sofort, daß es sich dabei gar nicht um die von ihm gesuchte Parallaxe gehandelt hat, sondern um eine neue, nicht vorausgesehene Erscheinung. Da ihre Periode ein Jahr beträgt, muß auch sie, die Bradley Aberration nannte, durch die Bewegung der Erde um die Sonne bedingt sein. So ist an Stelle der nicht gefundenen Parallaxe die Aberration zum Beweis für das heliozentrische System getreten. Diese Erscheinung wird verursacht durch die Bahnbewegung der Erde einerseits und die endliche Ausbreitungsgeschwindigkeit des Lichtes andererseits. Zur Veranschaulichung denke man an fallende Regentropfen, welche die Rolle des vom Stern einfallenden Lichtes übernehmen. Wir schützen uns gegen den Regen durch einen senkrecht nach oben gehaltenen Schirm. Wenn wir uns aber vorwärts bewegen – und diese Bewegung entspricht der Bahnbewegung der Erde –, so treffen die vor uns am Schirmrand vorbeifallenden Tropfen unsere Füße, indem wir, während sie zu Boden fallen, in sie hineinlaufen. Um den Regen abzuhalten, müssen wir den Schirm nach vorne neigen, um so mehr, je schneller wir uns bewegen. Der Regen scheint, obgleich er senkrecht herunterkommt, dem sich bewegenden Beobachter schief einzufallen. Das ist die Aberration. Aus dem gemessenen Aberrationswinkel, der nur vom Verhältnis der Bahngeschwindigkeit der Erde zur Lichtgeschwindigkeit abhängt, ergab sich, nachdem Olaf Römer die Lichtgeschwindigkeit bereits im Jahre 1676 zu 300000 Kilometer pro Sekunde bestimmt hatte, eine Umlaufgeschwindigkeit der Erde von 30 Kilometer pro Sekunde. Daraus folgt die Länge der in einem Jahr durchlaufenen Bahn und somit ihr Radius, die mittlere Entfernung der Erde von der Sonne, die wir als «astronomische Einheit» zur Vermessung des Sonnensystems benutzen.

Im Jahre 1747 gelang Bradley die Entdeckung einer weiteren periodischen Verlagerung der Sternörter, die man Nutation nennt. Ihre Amplitude ist nur rund halb so groß wie diejenige der Aberration. Auch sie konnte nicht die gesuchte parallaktische Bewegung sein, denn ihre Periode beträgt 18,6 Jahre und steht deshalb in keiner Beziehung zu dem jährlichen Umlauf der Erde. Die Parallaxe hatte sich somit noch einmal der Wahrnehmung entzogen, und bis zu ihrer Entdeckung dauerte es nochmals fast ein Jahrhundert.

Endlich war es soweit, daß der Baum gefällt werden konnte. F. W. Bessel fand 1838 die Distanz von 61 Cygni zu 600000 astronomischen Einheiten, Henderson 1839 diejenige von α Centauri zu 200000 und Wilhelm Struve 1840 diejenige von α Lyrae (Wega) zu einer Million astronomische Einheiten. In jeder Konstellation werden die Sterne in der Reihenfolge ihrer Helligkeit mit α, β, γ... bezeichnet.

Es hat sich zunächst darum gehandelt, einen Stern ausfindig zu machen, von dem man vermuten konnte, er besitze eine kleine Entfernung, denn nur bei einem solchen war eine meßbare Parallaxe zu erwarten. Alle Sterne bewegen sich im Raum, wobei ihre Geschwindigkeiten gar nicht sehr verschieden sind. Die dadurch bedingte Verschiebung des Sternortes am Himmel, die Eigenbewegung, fällt bei gleicher Raumgeschwindigkeit um so kleiner aus, je weiter der Stern entfernt ist, wie ein fernes Flugzeug sich scheinbar langsamer bewegt als ein nahes. Große Eigenbewegung ist ein sicheres Indiz für kleine Entfernung. Aus diesem Grund hat Bessel für seine Untersuchung den Stern in der Konstellation Cygnus (Schwan) gewählt, der im Katalog von Flamsteed die Nummer 61 trägt, den Stern mit der größten damals bekannten Eigenbewegung von 5 Bogensekunden pro Jahr. Noch ein weiteres Indiz deutete auf kleine Entfernung dieses «fliegenden Sternes». Es handelt sich nämlich um einen Doppelstern, dessen beide Komponenten nahezu gleich hell sind, nämlich von der 5. Größe, und in etwa 700 Jahren um ihren gemeinsamen Schwerpunkt laufen. Die beiden Sterne besitzen einen ungewöhnlich großen Winkelabstand voneinander. Wäre dieses Paar viel weiter entfernt, würden die beiden Komponenten nicht nur schwächer, sondern auch näher beisammen erscheinen. Bei sehr großen Entfernungen schließlich können vielfach die beiden Komponenten eines Doppelsternes gar nicht mehr voneinander getrennt gesehen werden. Die große Separation bei 61 Cygni war somit ein weiteres Kriterium, das auf kleine Distanz gedeutet hat. So war Bessel gut beraten, als er 1837 gerade diesen Stern auf sein Programm setzte. Er hat seine Lage fortlaufend gemessen, relativ zu benachbarten Sternen, von denen man wegen ihrer Lichtschwäche vermuten konnte, daß sie zu weit entfernt sind, um einer meßbaren parallaktischen Verschiebung zu unterliegen. Bessel konnte sich bei den Messungen eines aus der Werkstatt von Fraunhofer stammenden, 1829 an die Sternwarte Königsberg gelieferten Heliometers von zweieinhalb Meter Brennweite bedienen. Bei diesem Instrument, das zur Messung kleiner Winkeldifferenzen dient, ist das Objektiv längs eines Durchmessers entzweigeschnitten, wobei die beiden Hälften exakt meßbar längs der Schnittlinie gegeneinander verschoben werden können. Dadurch entstehen von jedem Stern zwei Bilder.

Der Abstand von zwei Sternen wird gemessen, indem die beiden Objektivhälften derart verschoben werden, daß das von der einen Hälfte gelieferte Bild des einen Sterns mit dem von der andern Hälfte erzeugten Bild des zweiten Sternes zur Koinzidenz kommt. Das Heliometer galt zu Bessels Zeit als das beste Winkelmeßinstrument. So ging Bessel nicht nur gut beraten, sondern auch mit dem geeignetsten Instrumentarium an die schwierige Aufgabe, und schon nach Ablauf eines Jahres konnte er die vollständige Parallaxenellipse von 61 Cygni vorlegen. Von den enormen Anforderungen an die Meßgenauigkeit gibt die winzige Amplitude der parallaktischen Bewegung von nur 0,30 Bogensekunden eine Vorstellung. Unter diesem Winkel erscheint der Kopf eines 100 Kilometer entfernten Menschen! Die Entfernung von 61 Cygni ist darnach 690000mal größer als der Abstand der Sonne und beträgt 10,9 Lichtjahre. Heute, wo das Inventar der nahen Sterne vollständig ist, wissen wir, daß es nur zehn Einzel- oder Mehrfachsterne gibt, die uns noch näher stehen als 61 Cygni, darunter als zweitnächster der von Henderson vermessene α Centauri in einer Distanz von 4,3 Lichtjahren. Nur ganz unbedeutend näher steht sein Begleiter Proxima Centauri. Die Messungen von Henderson liegen zwar zeitlich vor denjenigen von Bessel, aber seine Saumseligkeit, diese zu publizieren, hat ihn den Triumph gekostet, der Bessel zufiel und ihm 1841 die Goldmedaille der Royal Astronomical Society eingebracht hat.

Beide Sterne sind seit der Entdeckung ihrer Parallaxe dauernd und aufs sorgfältigste weiterbeobachtet worden. Dabei zeigte sich, daß der helle Doppelstern α Centauri, dessen Komponenten in 79 Jahren umeinander herumlaufen, noch einen schwachen Begleiter besitzt, der in dem ungewöhnlich großen Abstand von 2° steht. Auch 61 Cygni erwies sich als dreifaches Sternsystem. Die eine der beiden hellen Komponenten besitzt einen kleinen, dunkeln und unsichtbaren Begleiter, von dem sie in fünf Jahren umkreist wird. Seine Masse ist 7mal kleiner als diejenige der Sonne und 15mal größer als diejenige des Jupiters, ein Objekt an der Grenze zwischen einem Stern und einem Planeten.

Die Messung der Entfernung wenigstens der allernächsten Sterne ist der erste Schritt zur Erforschung des stellaren Universums. Mit der beschriebenen Methode sind von weit über 5000 Sternen die Entfernungen bestimmt worden. Der Bereich ihrer Anwendungsmöglichkeit ist aber beschränkt. Die Genauigkeit einer Winkelmessung liegt bei etwa $^1/_{100}$ Bogensekunde. Parallaxen, die kleiner sind als dieser Betrag, können deshalb gar nicht mehr gemessen werden. Diesem Grenzwert entspricht eine Entfernung von 300 Lichtjahren. Das ist der Bereich, in welchem die Methode anwendbar ist; zweifellos ein riesiger Bereich, jedoch ein winzig kleiner, verglichen mit unserem ganzen Sternsystem, das einen Durchmesser von 100 000 Lichtjahren aufweist.

Barnards Pfeilstern

Die Sterne sind, im Gegensatz zu den Planeten, fix, d.h. sie behalten ihre gegenseitige Lage bei. Die Konstellationen der Sterne erscheinen uns heute noch, wie sie die Sternseher des Altertums aufgezeichnet haben. Aber nichts ist wirklich fix im Universum, alles ist in Bewegung. Die Sterne reisen mit großer Geschwindigkeit durch den Weltraum, aber ihre Verschiebungen am Himmel sind trotzdem winzig klein, weil sie uns so fern sind. Wenn wir von einem Berg herab weit draußen im Land einen Zug sehen, scheint er wie ein Wurm langsam dahinzukriechen, wenn wir aber neben dem Geleise stehen, rast derselbe Zug mit Windeseile an uns vorbei. Erst Anfang des 18. Jahrhunderts wurden die Eigenbewegungen der «Fixsterne» entdeckt, als Edmond Halley feststellte, daß Arkturus, ein Stern erster Größe, sich gegenüber seinen Nachbarn seit dem Altertum um zwei Vollmondbreiten verschoben hatte. Mit genauen Positionsbestimmungen, wie sie mit Fernrohr und Meßgeräten möglich sind, lassen sich die Verschiebungen schon nach Jahrzehnten nachweisen. Von vielen Tausenden von Sternen sind die Eigenbewegungen bekannt.

Wie das Bild vom Zug verständlich macht, muß es sich bei einem Stern mit großer Eigenbewegung um einen handeln, der uns nahe steht, während ein ferner eine kleine, ein sehr ferner überhaupt keine meßbare Verschiebung zeigt. Ganz so einfach ist die Zuordnung zwischen Eigenbewegung und Entfernung allerdings nicht. Wie die einzelnen Züge haben auch die einzelnen Sterne verschiedene Geschwindigkeiten. Ein langsamer Stern wird auch dann eine kleine Eigenbewegung haben, wenn er uns nahe steht. Auch die Richtung der Geschwindigkeit ist mitbestimmend für die Eigenbewegung. Selbst ein schneller Stern wird überhaupt keine solche aufweisen, wenn er sich gerade auf uns zu oder von uns weg bewegt. Stets aber zeigt große Eigenbewegung an, daß der Stern uns nahe steht, und nur darauf kommt es uns hier an.

Die bei weitem größte Eigenbewegung ist von Edward Emerson Barnard an einem unscheinbaren, nur im Fernrohr sichtbaren Sternchen entdeckt worden. Sie beträgt 10 Bogensekunden in einem Jahr, und schon innert 6 Jahren ist die Verschiebung so stark, daß sie mit bloßem Auge wahrgenommen werden könnte, läge die Helligkeit des Sterns nicht weit unter der Empfindlichkeitsgrenze des Auges. Für so nahe Objekte wie den Barnardschen Pfeilstern interessieren sich die Astronomen ganz besonders, denn an ihnen lassen sich Untersuchungen vornehmen, die bei fernen Sternen nicht möglich sind. Es ist naheliegend zu fragen, warum zur Aussonderung der nahen Sterne nicht deren Helligkeit verwendet wird. Ein und derselbe Stern würde uns um so schwächer erscheinen, je weiter er entfernt ist. Darnach wären die hellen Sterne nah, die schwachen fern. Dies träfe jedoch nur zu, falls alle Sterne dieselbe Leuchtkraft hätten. Das aber ist nicht der Fall. Die scheinbare Helligkeit eines Sternes ist deshalb kein zuverlässiges Kriterium für seine Entfernung. Ein Stern kann schwach erscheinen, wenn er sehr weit weg ist oder aber wenn er uns zwar nahe steht, jedoch eine sehr kleine Leuchtkraft besitzt. Gerade dieser Fall liegt beim Pfeilstern vor. Neben Proxima und Alpha Centauri ist er bei einer Entfernung von 5,9 Lichtjahren der drittnächste Stern. Trotzdem ist er gänzlich unauffällig, denn seine Leuchtkraft ist dreitausendmal kleiner als diejenige unserer Sonne. So gering ist seine Leuchtkraft, weil er einerseits ein Zwerg ist unter den Sternen und andererseits eine so niedrige Temperatur besitzt, daß er nur schwach und rot strahlt.

Dieser Schnelläufer verschiebt sich nicht nur rasch an der Himmelssphäre, sondern nähert sich überdies unserem Sonnensystem in jeder Sekunde um 108 Kilometer. Bei keinem andern Stern läßt sich die Bewegung mit so großer Genauigkeit messen wie beim Pfeilstern. Deshalb haben die Astronomen dieses Objekt nie mehr aus den Augen gelassen. Sorgfältige, über Jahrzehnte fortgeführte Positionsmessungen haben 1962 Peter van de Kamp zu der Entdeckung geführt, daß sich der fortschreitenden Bewegung eine, allerdings sehr kleine, periodische überlagert. Wo immer solche oszillierende Bewegungen beobachtet werden – und dies ist bei vielen Sternen der Fall –, verraten sie die Doppelsternnatur des Objektes. Es ist der Schwerpunkt des Systems, der geradlinig fortschreitet und um den die beiden Komponenten elliptische Bahnen beschreiben. Bei der großen Häufigkeit der Doppelsterne – fast

die Hälfte aller Sterne dürften Komponenten eines Doppel-
oder Mehrfachsystems sein – war die Entdeckung der Doppelsternnatur des Pfeilsterns nichts Ungewöhnliches, auch nicht
der Umstand, daß der Begleiter, sei es wegen zu kleiner Helligkeit, sei es wegen zu kleinem Abstand vom Hauptstern,
unsichtbar blieb.

Aus über dreitausend Positionsbestimmungen ergab sich
für die oszillierende Bewegung eine Periode von 25 Jahren
und eine Amplitude von 0,025 Bogensekunden, was die Unsicherheit der Messung nur wenig übersteigt. Aus diesen Daten, zusammen mit der genau bekannten Entfernung, lassen
sich über das Doppelsternsystem weittragende Aussagen machen, die wahrhaft aufsehenerregend sind. Das dritte Keplersche Bewegungsgesetz, das stets gilt, wo auch immer sich
zwei Körper, die durch ihre Gravitation zusammengehalten
werden, gegenseitig umkreisen, stellt eine Beziehung her
zwischen der beobachteten Umlaufzeit, der unbekannten
Entfernung des Begleiters vom Hauptstern und der ebenfalls
unbekannten Masse des Begleiters. Die Masse des Hauptsterns hingegen ist durch seine Natur bekannt. Rote Zwerg-
sterne von der Art des Pfeilsterns besitzen eine Masse, die
etwa 15% der Masse unserer Sonne beträgt. Eine zweite Beziehung liefert der Schwerpunktsatz. Darnach ist das Produkt
aus der Masse des Hauptsternes und seinem durch die Amplitude der Oszillation gegebenen Abstand vom Schwerpunkt
gleich dem Produkt aus der unbekannten Masse des Begleiters und seinem unbekannten Abstand. Aus diesen zwei Rela-
tionen lassen sich die beiden Unbekannten bestimmen. Der
mittlere Abstand des unsichtbaren Begleiters vom Hauptstern ergibt sich zu 4,4 astronomischen Einheiten von je
150 Millionen Kilometer, seine Masse zu 0,0015 Sonnenmassen. Diese kleine Masse von nur einem Hundertstel der
Masse des selbst schon massenarmen Hauptsterns ist das
Sensationelle. Bei keinem andern Doppelstern ist eine derart
kleine Masse gefunden worden.

Um dies klarzumachen, müssen wir einige andere Massen-
werte zum Vergleich heranziehen. Damit ein Himmelskörper
bei seiner Kontraktion so heiß wird, daß er zu leuchten be-

ginnt, also ein Stern wird, muß seine Masse mindestens 7%
der Sonnenmasse betragen. Der Begleiter des Pfeilsterns ist
also gar kein Stern und kann kein solcher werden; er bleibt
stets ein dunkler Trabant des Zentralsterns. Solche nennen
wir in unserem Sonnensystem Planeten. Damit ist zum erstenmal ein Planet außerhalb unseres eigenen Systems nachgewiesen worden. Es handelt sich allerdings um einen ungewöhnlichen Planeten. Seine Masse ist rund 500mal größer als
diejenige unserer Erde und übertrifft sogar diejenige des Rie-

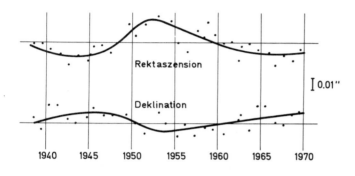

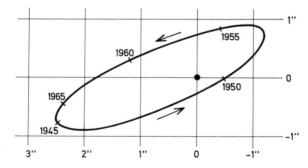

*Oben sind die zeitlichen Schwankungen des Pfeilsterns in Rektaszension
und Deklination dargestellt und unten die daraus abgeleitete Bahn des
unsichtbaren «Planeten» um seine «Sonne».*

31

senplaneten Jupiter um 50%. Nur zufolge dieser für einen Planeten großen Masse und der relativ kleinen der Zentralsonne war der Planet überhaupt nachweisbar. Hätte nämlich der Pfeilstern eine Masse so groß wie diejenige der Sonne, wäre die durch den Planeten erzeugte Oszillation unentdeckbar klein. Das Massenverhältnis von Planet zu Zentralkörper beträgt bei der Erde 1:330000, bei Jupiter 1:1040, beim Planeten des Pfeilsterns aber 1:100, bei einem Doppelstern jedoch 1:10 oder gar 1:1. Auch durch seine stark exzentrische Bahn unterscheidet sich der Pfeilsternplanet von den Planeten unseres Sonnensystems mit ihren nahezu kreisförmigen Bahnen. Bei der größten Annäherung an den Zentralstern, im Periastron, beträgt sein Abstand nur eben so viel wie der Abstand der Erde von der Sonne, bei der größten Entfernung, im Apastron, dagegen das Siebenfache, mehr als der Abstand des Jupiters. Dementsprechend variiert die Bestrahlung des Planeten durch seine Sonne während eines Umlaufes in dem enormen Verhältnis 1:50. Bahnexzentrizitäten von dieser Größenordnung finden sich unter den Doppelsternen häufig, ja können sogar als Normalfall betrachtet werden. Zusammenfassend muß man erkennen, daß der Pfeilstern einen planetenartigen Begleiter besitzt, dieser aber doch merklich von den Planeten des Sonnensystems verschieden ist. In diesen Verschiedenheiten ähnelt das Pfeilsternsystem einem normalen Doppelstern. Vielleicht gibt es überhaupt alle Zwischenformen zwischen einem reinen Planetensystem und einem reinen Doppel- oder Mehrfachsystem, wobei dasjenige des Pfeilsterns näher beim Planetensystem steht.

Bei der Schwierigkeit oder gar Unmöglichkeit, bei fernen Sternen allfällige Planeten nachzuweisen, läßt sich gegen die Ansicht, viele Sterne hätten einen oder mehrere Planeten, nichts einwenden. Andererseits ist die Entstehung von Doppelsternen offensichtlich ein sehr häufiger Prozeß. Daraus läßt sich weiter spekulieren, ob nicht überhaupt bei der Entstehung von Sternen stets Materie abgespalten wird, aus der entweder ein zweiter Stern oder aber ein Planetensystem hervorgeht. Was für einen Entwicklungsgang der Urstern einschlägt, hängt von den Anfangsbedingungen ab, insbesondere von der Masse, von ihrer Verdichtung und von ihrem Rotationszustand. Es ist in diesem Zusammenhang erwähnenswert, daß auch bei andern uns nahe stehenden Sternen, nämlich bei 61 Cygni und bei Nr. 21185 im Katalog von Lalande, nichtleuchtende und deshalb unsichtbare Begleiter nachgewiesen worden sind, deren Masse etwa 1% derjenigen der Sonne beträgt und die deshalb eher als Riesenplaneten denn als Sterne bezeichnet werden könnten. Jedenfalls sind damit weitere Zwischenstufen zwischen einem reinen Doppelsternsystem und einem Planetensystem gefunden worden. Während der Pfeilstern näher dem Planetensystem steht, finden sich 61 Cygni und Lalande 21185 mehr auf der Seite der Doppelsterne.

Nachdem wir zur Erkenntnis gelangt sind, daß sicher eine sehr große Zahl von Sternen von dunkeln, planetenartigen Körpern umgeben ist, kann die Frage, ob es auch belebte Planeten gibt, nicht ausbleiben. Darüber lassen sich nur Vermutungen anstellen, wissen wir doch nicht einmal, ob unsere Brüder im Sonnensystem Träger von Leben sind. Schon die Antwort auf diese Frage wäre von eminenter Bedeutung. Könnte Leben auf dem Mars nachgewiesen werden, würde wohl niemand mehr daran zweifeln, daß auch viele ferne Himmelskörper belebt sind. Denn wenn Leben nicht nur an einem Ort entstanden ist, sondern auch an einem zweiten, kann es sich auch an einem dritten und an vielen Orten entfalten. Die Frage nach intelligentem Leben steht hier nicht zur Diskussion, sondern nur die nach Leben überhaupt, noch einschränkender: nur die Frage nach Leben im irdischen Sinn, denn es ist müßig, darüber zu spekulieren, ob in einer Umwelt, die von der unsrigen gänzlich verschieden ist, eine ganz andere Art von Leben entstehen könnte oder ob in unserer Umwelt Leben nur in der Art, wie wir es kennen, entstehen konnte oder aber dieses Leben nur eine Form unter vielen möglichen darstellt.

Soll irgendwo im Weltraum Leben im irdischen Sinne sich entwickeln, müssen die Umwelteinflüsse auch ähnlich denjenigen der Erde sein. Dazu gehört vor allem ein Wohnsitz in der Nähe eines Sternes, der von diesem in angemessener

Weise mit Licht und Wärme versorgt wird. Unser Leben benötigt eine Temperatur, welche in dem relativ engen Bereich zwischen etwa −70 und +80° C liegt. Diese Bedingung ist beim Planeten des Pfeilsterns nicht erfüllt. Seine Sonne ist kleiner und kühler als die unsrige und ihre Abstrahlung so schwach, daß die Temperatur an der Oberfläche des Planeten im Mittel nur etwa −250° C erreicht. Der Planet müßte seiner Sonne hundertmal näher stehen, damit auf ihm lebensfreundliche Wärme entstehen würde. Im irdischen Leben ist die ultraviolette Strahlung der Sonne ein wesentlicher Umweltfaktor; diese aber fehlt dem kühlen Pfeilstern. Aber auch eine Atmosphäre ist nötig, die Wasserdampf und Sauerstoff enthält. Diese wiederum muß einer bestimmten Schwerkraft unterliegen, nicht zu groß, damit der Wasserstoff allmählich entweichen kann, auch nicht zu klein, da sonst die ganze Atmosphäre in den Weltraum verdampft. Noch weitere Voraussetzungen müssen erfüllt sein, damit es sich schlecht und recht leben läßt. Nein, der Planet des Pfeilsterns ist weder ein komfortabler noch überhaupt ein Wohnsitz; er ist lebensfeindlich.

Nun gibt es aber allein in unserem eigenen Sternsystem an die hundert Milliarden Sterne, viele davon von ähnlicher Konstitution wie unsere Sonne. Wenn auch nur ein kleiner Teil davon ein Planetensystem besitzt und hievon wiederum nur ein kleiner Teil erdähnliche Planeten mit einer lebensfreundlichen Atmosphäre und unter diesen potentiellen Lebensträgern nur ein kleiner Teil Leben hervorgebracht hat, so können es doch noch unzählig viele sein.

Dieses Kapitel darf nicht abgeschlossen werden, ohne zu erwähnen, daß andere Forscher in der Eigenbewegung des Pfeilsterns keinerlei periodische Schwankungen und damit keinen Hinweis auf einen unsichtbaren Begleiter gefunden haben, obschon sie eine Meßgenauigkeit erreichten, welche hinter derjenigen von van de Kamp nicht zurücksteht. Es ist deshalb müßig, sich über die Bewohnbarkeit dieses fernen Planeten Gedanken zu machen, bevor feststeht, ob es ihn überhaupt gibt.

34

Sirius AB

In klaren Winternächten beherrscht *ein* Stern das ganze Firmament; es ist der bläulich gleißende Sirius, der hellste unter allen Sternen. Die Bezeichnung AB sagt aus, daß es sich um einen Doppelstern mit den Komponenten A und B handelt, die umeinander herumlaufen. Das ist nichts Seltenes. Zwar erscheinen uns die meisten Sterne als Solitäre wie unsere Sonne. Wenn man aber bedenkt, daß bei weit entfernten Objekten eine allfällig vorhandene Doppelnatur überhaupt nicht erkannt werden kann, kommt man leicht zu der Abschätzung, daß etwa ein Viertel aller Sterne Doppel- oder Mehrfachsysteme sind, daß also die Sterne, welche Doppelsternkomponenten sind, an Zahl den Einzelsternen kaum nachstehen. Die Bildung von Zwillingssternen ist also kein Betriebsunfall, sondern eine normale Erscheinung bei der Sternentwicklung. Ein solcher Doppelstern also ist auch Sirius, allerdings ein sehr seltsamer, indem die Komponente A den 10000mal schwächeren Begleiter B völlig überstrahlt.

Das Interesse an den Doppelsternen begann Ende des 18. Jahrhunderts, als Christian Mayer 1778 in wenigen Monaten 90 «Fixsterntrabanten» entdeckte. William Herschel legte 1803 einen Katalog von 864 Doppelsternen auf. Bei vielen davon handelt es sich bloß um optische Doppelsterne, um jeweils zwei Sterne, die von der Erde aus gesehen in fast derselben Richtung, jedoch in ganz verschiedenen Entfernungen stehen. Bei den echten Paaren befinden sich die beiden Komponenten praktisch in derselben Entfernung, bewegen sich um ihren Schwerpunkt und reisen gemeinsam durch den Weltraum. Zehntausende von Doppelsternen sind bekannt, aber nur von einigen hundert liegen gute Bahnbestimmungen vor, denn dazu sind langjährige Beobachtungen nötig, weil die Umlaufzeiten Jahre oder Jahrhunderte betragen. Bei einem durchschnittlichen Doppelstern haben die beiden Komponenten einen gegenseitigen Abstand von einigen hundert astronomischen Einheiten und eine Umlaufzeit von einigen Jahren.

Es gibt aber auch Doppelsterne, sogar sehr zahlreiche, bei denen die beiden Komponenten so nahe beisammenstehen, daß sie auch in großen Teleskopen gar nicht mehr getrennt zu sehen sind, ja sie können sich sogar bis zur Berührung nahe kommen. Trotzdem läßt sich ihre Doppelnatur nachweisen. Je näher beisammen die Komponenten stehen, um so kürzer ist ihre Umlaufzeit, oftmals nur einige Tage. Dementsprechend laufen die Komponenten mit hoher Geschwindigkeit auf ihrer Bahn; Geschwindigkeiten von 100 Kilometer pro Sekunde sind keine Seltenheit. Abwechslungsweise bewegen sie sich auf uns zu und von uns weg, was zufolge des Doppler-Effektes zu periodischen Verschiebungen der Linien in den Sternspektren Anlaß gibt. Man nennt deshalb diese engen Paare spektroskopische Doppelsterne, im Gegensatz zu den visuellen, von denen man beide Komponenten einzeln sehen kann. Falls die Erde in oder nahe der Bahnebene des Doppelsternsystems steht, tritt die eine Komponente abwechslungsweise vor die andere oder verschwindet hinter dieser. Dadurch nimmt die Helligkeit während jedem Umlauf zweimal ab. Die Lichtkurve solcher Bedeckungsveränderlicher ist so charakteristisch, daß man sie nicht verwechseln kann mit derjenigen eines einzelnen Sternes, dessen Helligkeit sich tatsächlich – ebenfalls periodisch – ändert.

Nur von wenigen Sternen sind die Koordinaten immer wieder und so gut wie von Sirius bestimmt worden, da man – mit Recht – vermutet hat, daß es sich um ein nahes Objekt handelt. In den bis auf das Jahr 1750 zurückreichenden Positionsbestimmungen konnte Wilhelm Bessel hundert Jahre später eine oszillierende Bewegung mit einer Periode von 50 Jahren entdecken. Er hat daraus den Schluß gezogen, daß es sich beim Sirius um einen Doppelstern handeln müsse, dessen beide Komponenten in 50 Jahren um ihren Schwerpunkt herumlaufen und überdies gemeinsam durch den Weltraum rasen. Der hypothetische Begleiter aber konnte trotz eifrigen Suchens nicht gefunden werden, weil er – wie Bessel meinte – dunkel sei und sich durch keine Lichtemission, sondern nur durch seine Gravitation bemerkbar mache. Auch als 1851 Peters eine Berechnung der Bahn vorgelegt hatte und die Astronomen nun wußten, wo der Sonderling sich versteckt hielt, blieb seine Entdeckung aus. Sie erfolgte ganz zufällig zehn Jahre später durch Alvan Clark, den damals berühmtesten Optiker Amerikas. Weder suchte er nach dem Vermiß-

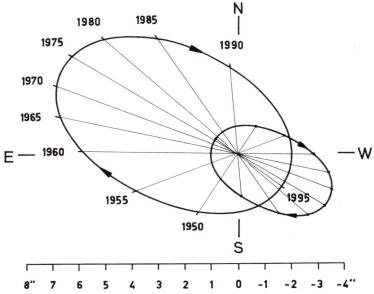

Die Bahnen des hellen Sirius (kleine Ellipse) und seines lichtschwachen Begleiters (große Ellipse) um den gemeinsamen Schwerpunkt.

ten, noch wußte er um ihn. Er war dabei, ein von ihm angefertigtes Objektiv zu prüfen, und dazu war der helle Sirius eben am geeignetsten. Die Entdeckung war der Lohn für die hervorragende Bearbeitung der Linse.

Der Begleiter, Sirius B, ist also nicht dunkel, er ist nicht einmal besonders schwach, denn ein Stern 8. Größe wie er ist schon mit einem Feldstecher leicht zu sehen. Die Schwierigkeit für seine Wahrnehmung liegt in dem kleinen Abstand vom Hauptstern, in dessen Lichtfülle er untergeht. Zufolge der elliptischen Bahn schwankt dieser Abstand zwischen etwa 3 und 11 Bogensekunden. Die Entdeckung wurde dadurch erleichtert, daß 1861 der Begleiter mit 10 Bogensekunden nahezu seinen maximalen Abstand hatte. Wenn er im Periastron seinen kleinsten Abstand von nur 3 Bogensekunden besitzt, bleibt er unsichtbar. Nach seiner Entdeckung ist dem Begleiter große Beachtung geschenkt worden, da er sich bald als ein merkwürdiges Objekt entpuppte, wie man bis dahin noch keines kannte.

Bei jedem Objekt, das man untersuchen will, stellt sich als erstes die Frage nach seiner Entfernung. Diejenige des Sirius ist mit einer Genauigkeit bekannt, wie sie nur bei wenigen Sternen erreicht wird. Neben der fortschreitenden Bewegung und der 50jährigen Periode zeigen die Positionsänderungen noch eine jährliche Periode. Diese ist das Abbild des jährlichen Umlaufes der Erde um die Sonne, indem man je nach der Lage in der Erdbahn den Stern in etwas verschiedenen Richtungen sieht. Allerdings ist diese Richtungsvariation mit 0,75 Bogensekunden recht klein. Es ist der Winkel, unter dem der Erdbahndurchmesser von Sirius aus erscheint. Aus den bekannten Dimensionen der Erdbahn folgt daraus für den Sirius eine Distanz von 550000 astronomischen Einheiten oder von 8,7 Lichtjahren. Mit dieser Entfernung läßt sich nun auch der Durchmesser der Bahn des Begleiters von Winkelmaß in lineares Maß umrechnen. Er ergibt sich zu 20 astronomischen Einheiten. Aus der Bahndimension und der schon erwähnten Umlaufzeit ergibt sich nach dem dritten Keplerschen Gesetz die Masse der beiden Sterne zu 3,34 Sonnenmassen. Schließlich folgt aus dem Verhältnis der Abstände der beiden Komponenten vom Schwerpunkt das Verhältnis ihrer Massen. Auf Sirius A entfallen 2,36, auf Sirius B 0,98 Sonnenmassen.

Hier beginnt die Geschichte von Sirius rätselhaft zu werden. An den errechneten Massen haftet nichts Anomales. Der Begleiter hat die Masse der Sonne, und dies ist ein guter Durchschnittswert für die Sternmassen. Daß der Hauptstern zweieinhalbmal mehr Masse hat, geht auch in Ordnung, denn er ist auch größer, heißer und heller als unser Tagesgestirn. Warum aber ist der Begleiter so sehr viel schwächer als der Hauptstern? Zehntausendmal weniger Licht emittiert B als A. Sterne mit so kleiner Leuchtkraft sind nicht unbekannt. Es sind Objekte mit erstens einer kleinen strahlenden Oberfläche, also Zwerge, und zweitens mit niedriger Temperatur, also rote Sterne. Zur größten Überraschung erwies sich aber Sirius B von weißer Farbe, nicht sehr verschieden von dem leicht bläulichen Sirius A. Die beiden Komponenten haben somit nahezu dieselbe Oberflächentemperatur und damit dieselbe Ausstrahlung pro Quadratmeter. Da aber die gesamte Ausstrahlung von B zehntausendmal kleiner ist als die von A, muß auch seine Oberfläche um so viel, sein Radius also hundertmal kleiner sein als derjenige von A, somit nur 0,02 Sonnenradien betragen. Anschaulicher ausgedrückt: der Siriusbegleiter ist bloß rund doppelt so groß als die Erde, seiner Größe nach somit ein Planet, seiner Masse nach aber ein Stern.

Dieser weiße Zwerg nimmt nach den genannten Daten ein Volumen ein, das hunderttausendmal kleiner ist als dasjenige der Sonne. Da aber in diesem kleinen Volumen eine ebenso große Menge von Materie enthalten ist wie in der Sonne, welche eine mittlere Dichte von 1,4 Gramm pro Kubikzentimeter besitzt, nicht viel größer als die Dichte des Wassers, muß die mittlere Dichte im Siriusbegleiter den gänzlich ungewohnt hohen Betrag von etwa 150000 Gramm pro Kubikzentimeter erreichen. Derartige Dichten waren vorher weder auf der Erde noch im Weltraum angetroffen worden, bringen es doch die dichtesten Metalle wie Gold oder Platin auf nur rund 20. Wenn auch so enorme Dichten, bei denen ein Kubikzentimeter Materie eine Tonne wiegen kann, etwas völlig Neues waren, so sind nach unseren Vorstellungen über den Aufbau der Materie derartige und sogar noch wesentlich höhere Konzentrationen von Materie durchaus möglich. In einer Flüssigkeit oder in einem Stück Metall scheint die Materie kompakt zu sein und den ganzen Raum auszufüllen. Tatsächlich aber besteht ein solcher Körper fast ganz aus leerem Raum, und die Materie ist auf einzelne Punkte konzentriert. In einem festen oder flüssigen Körper betragen die gegenseitigen Abstände der Atome oder Moleküle etwa einen hundertmillionstel Zentimeter. Aber ebensogroß sind diese elementaren Bestandteile der Materie. Ein solcher Körper bildet somit eine dichte Packung, bei der sich die Atome, die wir uns als Kugeln vorstellen können, gegenseitig berühren. Atome bestehen aus einer Hülle von Elektronen und einem zentralen Kern, der zwar zehntausendmal kleiner ist als das ganze Atom, aber praktisch seine ganze Masse enthält. Unter den

40

Bedingungen, die wir auf der Erde vorfinden, sind die Atome intakt. Wenn aber die Materie erwärmt wird, lösen sich nach und nach die Elektronen vom Atomkern ab, und bei der im Inneren der Sterne herrschenden Temperatur von vielen Millionen Grad bestehen die Gase aus freien Elektronen und nackten Atomkernen. Da zudem in den Sternen riesige Drucke herrschen, wird die Materie komprimiert, wobei die Atomkerne sich bis zur Berührung nahe kommen können. Ihr Abstand ist dann zehntausendmal kleiner, das von der Atommasse eingenommene Volumen somit billionenmal kleiner als in der intakten Materie, die Dichte also billionenmal größer. Das ist eine weit stärkere Kompression, als sie im weißen Zwerg gefunden wurde, wo die Dichte «nur» millionenmal größer ist als in gewöhnlicher Materie. Es sei hier nur beiläufig vermerkt, daß es andere Sterne gibt, in denen die maximal mögliche Dichte von etwa hundert Billionen Gramm pro Kubikzentimeter tatsächlich erreicht wird. Es verwundert nicht, daß diese hochkomprimierte Materie – man spricht von entarteter Materie – anderen Gesetzen unterliegt als etwa ein Gas unter irdischen Verhältnissen. Bei einem solchen steigt der Druck proportional der Dichte und der Temperatur. Dies gilt so lange, als die gegenseitigen Abstände der Atome so groß sind, daß diese nur einen unwesentlichen Teil des Volumens beanspruchen. Gerade das aber ist in der entarteten Materie, die nahezu das ganze Volumen füllt, nicht mehr der Fall. Mit zunehmender Entartung wird der Einfluß der Temperatur auf den Druck kleiner, derjenige der Dichte größer. Bei vollständiger Entartung schließlich hängt der Druck überhaupt nur noch von der Dichte ab, steigt aber mit dieser stärker als in einem normalen Gas.

Zufolge des kleinen Radius des Siriusbegleiters ist die Gravitation an seiner Oberfläche einige tausendmal stärker als auf der Sonne und 70 000mal stärker als auf der Erde. Wie man Energie aufwenden muß, um eine Raumsonde von der Erde wegzubringen, verbraucht auch das von der Oberfläche des weißen Zwerges weggehende Licht einen Teil seiner Energie, um dem extrem starken Schwerefeld zu entrinnen. Die Lichtquanten werden deshalb, wenn sie die Erde erreichen, energieärmer sein als bei ihrer Entstehung. Da die Energie durch die Frequenz bestimmt wird, nimmt diese ab, die Wellenlänge zu. Wellenlängenänderungen werden aber auch durch die Bewegung der Lichtquelle relativ zum Beobachter erzeugt. Da aber die Bewegung des Siriusbegleiters gut bekannt ist, läßt sich ihr Anteil an der Wellenlängenverschiebung von dem Anteil der Gravitation abtrennen. Dieser stimmt genau überein mit dem berechneten Wert und bestätigt damit die Kleinheit des Siriusbegleiters.

Zum Schluß muß noch ein zunächst nicht leicht zu verstehendes Verhältnis im Siriussystem ins rechte Licht gerückt werden. Weiße Zwerge sind zweifellos Endstadien in der Sternentwicklung. Da diese um so schneller abläuft, je größer die Masse des Sternes ist, hätte man für die Komponente B eine größere Masse erwartet als für A, während tatsächlich diese zweieinhalbmal massereicher ist als der weiße Zwerg. Dies war aber nicht immer so. Anfänglich besaß B die größere Masse, hat sich deshalb schnell entwickelt, wurde zu einem Riesenstern, von dem Materie übergeströmt ist zu der masseärmeren Komponente A, die nunmehr erst zur massereicheren geworden ist. Man wird wohl keine ernst zu nehmenden Gründe gegen die Annahme, beide Komponenten seien gleich alt, vorbringen können. Ihre Entwicklungsphasen aber sind verschieden, weil Sirius A seinen Lebenslauf als leuchtkräftiger Stern erst nach einem Massengewinn auf Kosten der Komponente B beginnen konnte, als diese sich bereits ihrem Endzustand, dem Stadium der weißen Zwerge, genähert hat.

Mira Ceti

Manche heute interessante Sterne sind Objekte, die schon lange, vielfach schon im Altertum, bekannt waren, ehe an ihnen eine Besonderheit entdeckt wurde, welche sie ins Rampenlicht rückte. Mira dagegen wurde durch die mit diesem Stern verbundene Besonderheit eben erst entdeckt. Dies war im August 1596, als David Fabricius einen roten Stern sah, der auf den Sternkarten nicht eingetragen war. Seine Helligkeit nahm schnell ab, und nach wenigen Monaten war er nicht mehr zu sehen. Diese Beobachtung hätte wohl größeres Aufsehen erregt, wenn nicht schon 1572 ein ähnliches und noch spektakuläreres Ereignis von Tycho Brahe beobachtet worden wäre. Damals erschien im Sternbild Cassiopeia ein heller, vorher nicht gesehener Stern, der nach einigen Monaten wieder verschwunden war. Der von Fabricius gesehene Stern aber ist wiedergekommen! Johannes Bayer hat ihn 1603 gesehen und in seinem Sternatlas festgehalten. Immer wieder ist er unsichtbar geworden, aber jedesmal wieder zu seiner früheren Helligkeit zurückgekehrt, der Wunderbare! Bei keinem andern Stern war etwas Derartiges bekannt. Er steht im Sternbild des Walfischs (Cetus) und ist von Bayer mit dem griechischen Buchstaben Omikron belegt worden.

Mira Ceti ist damals zu einem der am meisten beobachteten Sterne geworden. Jede neue Beobachtungstechnik, die auf ihn angesetzt wurde, hat neue Überraschungen gebracht. Bis heute hat der wunderbare Stern noch nichts von seiner Faszination eingebüßt, aber auch erst wenige der Geheimnisse um seine Natur preisgegeben. Je länger man sich mit ihm beschäftigt hat, um so rätselhafter ist er erschienen.

Die fortgesetzte Beobachtung ließ bald erkennen, daß der Stern in gewissen Intervallen immer wieder aufleuchtet und wieder verblaßt, aber mit dem Teleskop auch dann noch beobachtbar bleibt, wenn er für das bloße Auge unsichtbar geworden ist. Es hat aber Jahrzehnte gedauert, bis endlich im Jahre 1667 Boulliau die Regelmäßigkeit der Variation erkannte, die etwa alle 11 Monate zu einem Helligkeitsmaximum führt. Diese Entdeckung hat so lange auf sich warten lassen, weil zeitweise das Interesse an den Beobachtungen erlahmte, aber auch weil es sich nicht um eine konstante

Periode handelt. Diese kann bis auf 310 Tage hinuntergehen oder bis auf 355 Tage ansteigen. Im Mittel liegt sie bei 331 Tagen. Nicht nur die Länge der Periode, sondern die ganze Lichtkurve ist ständigen Variationen unterworfen, so daß in keinen zwei Zyklen der Helligkeitsverlauf derselbe ist. Im Helligkeitsmaximum erreicht der Stern im Mittel die Klasse 3,5 und ist damit von bloßem Auge gut sichtbar. Im Jahre 1779 ist er einmal zu einem auffälligen Objekt der Helligkeit $1^m.8$ angestiegen, während er es im Jahre 1868 einmal nur auf $5^m.6$ gebracht hat und damit für das bloße Auge gerade noch erkennbar war. Etwas kleineren Schwankungen sind die minimalen Helligkeiten unterworfen. Sie liegen zwischen 8^m und 10^m, im Mittel bei $9^m.2$. Während eines Zyklus ist der Stern etwa für vier Monate von bloßem Auge sichtbar.

Heute sind mehrere tausend Sterne bekannt, welche sich ähnlich verhalten wie Mira Ceti, nämlich einen starken, mehr oder weniger regelmäßigen Helligkeitswechsel mit Perioden von Monaten bis Jahren aufweisen. Diese langperiodischen Veränderlichen heißen nach ihrem Prototyp Mirasterne. Zwischen der Amplitude der Helligkeitsschwankung und der Periodenlänge besteht eine, allerdings nicht sehr straffe Beziehung, wonach die Amplitude mit der Periode zunimmt. Einer Helligkeitsschwankung von 3 Größenklassen entspricht eine Periode von etwa 5 Monaten, einer solchen von 5 Größenklassen eine Periode von etwa anderthalb Jahren.

Mira fällt, wie nur wenige andere Sterne, durch seine tiefrote Farbe auf. Diese läßt auf eine niedrige Temperatur schließen, die im Helligkeitsmaximum nur etwa 2600° beträgt, im Helligkeitsminimum sogar auf 2100° zurückgeht. Bei dieser tiefen Temperatur ist die Abstrahlung pro Quadratmeter sehr gering. Wenn der Stern trotzdem sogar ohne Teleskop zu sehen ist, muß er entweder in relativ kleiner Distanz stehen oder eine große strahlende Oberfläche besitzen oder beide Voraussetzungen gleichzeitig erfüllen. Die respektable Eigenbewegung von ¼″ pro Jahr läßt erwarten, daß zumindest die erste Forderung erfüllt ist. Tatsächlich scheint Mira eine gerade noch meßbare Parallaxe von etwa 0,01″ zu besitzen. Da die Messungsungenauigkeit aber ebenfalls bei 0,01″ liegt, kann die Distanz nur mit geringer Sicherheit angegeben werden; sie dürfte 200 bis 300 Lichtjahre betragen. Rechnen wir mit einer scheinbaren Helligkeit m = 5, so ergibt sich bei einer Entfernung von 325 Lichtjahren, also von 100 parsec, eine absolute Helligkeit M = 0. Diese ist um 5 Größenklassen höher als diejenige der Sonne. Die Leuchtkraft von Mira übertrifft somit diejenige unseres Tagesgestirnes um rund das Hundertfache. Der Stern müßte deshalb, selbst wenn er so heiß wäre wie die Sonne, einen zehnmal größeren Durchmesser aufweisen als diese. Da er aber eine viel niedrigere Temperatur besitzt, muß seine strahlende Oberfläche sehr viel größer sein. Man errechnet einen Durchmesser, der denjenigen der Sonne 400–500mal übertrifft. An die Stelle der Sonne versetzt, würde er alle inneren Planeten umschließen und weit über die Marsbahn hinausreichen. Damit ist Mira nach Größe und Leuchtkraft ein Riesenstern, und zwar infolge seiner extrem tiefen Temperatur ein roter Riese, der im Hertzsprung-Russell-Diagramm (S. 15) rechts oben steht. Nur bezüglich seiner Masse scheint er sich von der Sonne kaum zu unterscheiden. Damit ergibt sich die mittlere Dichte der Gase dieses Sternes hundert Millionen Mal kleiner als diejenige des Wassers! Mira ist ein Stern der Extreme. Die Frage liegt nahe, ob von diesem riesigen und zudem relativ nahen Stern im Fernrohr nicht mehr als nur ein Lichtpunkt, vielleicht etwa ein kleines Scheibchen zu sehen sei. Sein Winkeldurchmesser berechnet sich aus der Größe und der Entfernung des Sternes zu etwa $^1/_{20}$ Bogensekunde. Um einen so kleinen Winkelunterschied zwischen den beiden Rändern des Sternscheibchens auflösen zu können, ist theoretisch ein Teleskop von mindestens zwei Meter Durchmesser erforderlich. Aber auch der Einsatz eines derartigen Instrumentes würde den gesuchten Erfolg nicht bringen, weil Unvollkommenheiten der Optik und vor allem die Unruhe der Luft, selbst unter günstigen Umständen, kaum ein Trennungsvermögen, das besser ist als eine halbe Bogensekunde, zulassen.

Das Auflösungsvermögen läßt sich aber durch die Verwendung eines Interferometers, mit dem Michelson den Abstand

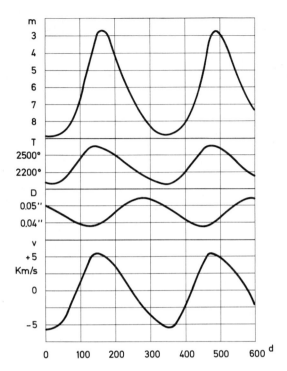

Die Veränderungen der scheinbaren Helligkeit m, der Oberflächentemperatur T, des Winkeldurchmessers D und der Radialgeschwindigkeit v beim Stern Omikron Ceti (Mira) mit einer Periode von 331 Tagen.

enger Doppelsterne bestimmt hat, verbessern. Um 1920 hat F.G. Pease das Michelsonsche Interferometer in Verbindung mit dem 250-cm-Spiegelteleskop auf Mt. Wilson benutzt, um zu versuchen, bei einigen Sternen, welche vermutlich einen großen Winkeldurchmesser haben, diesen zu messen. Dazu gehörte auch Omikron Ceti.

Die Idee des Interferometers besteht darin, daß aus dem Lichtstrom des Sternes, welcher das Teleskop trifft, zwei Bündel ausgesondert werden, indem eine Blende vorgesetzt wird, welche zwei Öffnungen, deren Abstand verändert wer-

47

den kann, besitzt. Man erhält somit zwei Bilder des Sternes, die jedoch nicht einzeln gesehen werden können, da sie exakt zusammenfallen. Wenn der Stern hinreichend weit entfernt ist und deshalb punktförmig erscheint, was wir voraussetzen, sind die beiden verwendeten Strahlenbündel parallel. Sie kommen zur Interferenz, wobei seitlich neben dem Zentralbild und symmetrisch zu diesem weitere Bilder des Sterns erscheinen. Wird der Abstand der Öffnungen verkleinert, entfernen sich die Interferenzbilder voneinander, wird er vergrößert, rücken sie zusammen. Nun betrachten wir einen Doppelstern, dessen beide Komponenten ebenfalls punktförmig erscheinen und die der Einfachheit wegen als gleich hell angenommen werden. Es versteht sich, daß nun zwei Interferenzfiguren entstehen, in welchen die Abstände der Streifen, die nur vom Abstand der Strahlenbündel abhängen, gleich groß sind, die aber entsprechend dem Winkelabstand der beiden Sterne um einen festen Betrag gegeneinander verschoben sind. Nun wird der Abstand der Strahlenbündel so variiert, daß der Abstand zwischen zwei aufeinanderfolgenden Interferenzbildern doppelt so groß ist wie die Verschiebung zwischen den beiden Systemen. Es fallen dann die Streifen des einen Systems in die Zwischenräume des andern, wodurch das Interferenzmuster verschwindet. Aus dem Abstand der Strahlenbündel, bei welchen dies eintritt, läßt sich der Winkelabstand der beiden Komponenten berechnen.

Ähnlich, jedoch komplizierter, liegen die Verhältnisse bei der Bestimmung von Sterndurchmessern. Vereinfachend kann man die Sternscheibe in zwei Hälften gespalten denken und diese wie einen Doppelstern behandeln. In Wirklichkeit hat man es nicht nur mit zwei Punktquellen zu tun, indem jedes Element der Sternoberfläche eine solche darstellt. Da es sich bei den Sterndurchmessern um wesentlich kleinere Winkel handelt als bei den Distanzen zwischen den Komponenten eines Doppelsternes, muß, um die Interferenzstreifen unsichtbar werden zu lassen, der Blendenabstand ziemlich groß sein, zwischen 3 und 8 Meter bei Sterndurchmessern zwischen 0,05 und 0,02 Bogensekunden. Da aber nur ein Teleskop von 2,5 m Durchmesser verfügbar war, mußten die beiden benötigten Lichtbündel an den äußeren Enden eines entsprechend langen Balkens eingefangen und über Umlenkspiegel dem Teleskop zugeführt werden.

Von allen untersuchten Sternen besitzt Mira mit 0,05 Bogensekunden den größten Winkeldurchmesser. Daraus erhält man mit der schon mitgeteilten Entfernung einen Durchmesser, der 400mal größer ist als derjenige der Sonne, in Übereinstimmung mit der indirekten Bestimmung aus Leuchtkraft und Temperatur.

Bei jedem Stern stammen die meisten Informationen aus seinem Spektrum. Es wundert nicht, daß dasjenige von Mira mit seiner Helligkeit variiert, erstaunlich aber ist, daß unter Hunderten von Spektren dieses Sternes keine zwei genau gleich sind. Den periodischen Veränderungen sind sich immer wieder verändernde Aktivitäten überlagert.

Mira war der erste Veränderliche, in dessen Spektrum Emissionslinien gefunden wurden. Eine weitere Entdeckung war die Identifikation von starken Absorptionsbändern im Spektrum von Mira mit Molekülbanden von Titanoxid durch A. Fowler im Jahre 1904. Diese Absorptionsbänder sind ein Charakteristikum für alle Sterne niedriger Temperatur. Im Spektrum von Mira wurden zum erstenmal auch Molekülbanden in Emission beobachtet, welche 1924 dem Aluminiumoxid zugeschrieben werden konnten und bisher in keinem andern Sternspektrum gefunden worden sind.

Zu den vielen Rätseln, welche Mira uns aufgibt, gehören die Emissionslinien, die an höhere Temperaturen gebunden sind und deshalb in einem extrem kühlen Stern nicht zu erwarten waren. Es sind die Wasserstofflinien, welche im Helligkeitsmaximum sehr intensiv sind und im Minimum verschwinden, ferner Eisenlinien, welche hauptsächlich nach dem Maximum auftreten und bis ins Minimum hinein sichtbar bleiben. Dies sind Eigenschaften, die allen Sternen der Mira-Gruppe gemeinsam sind.

Die Helligkeitsschwankungen haben mehrere Ursachen. Mira ist ein pulsierender Stern. Da er aber eine sehr lange Periode hat, betragen die maximalen Expansions- und Kontraktionsgeschwindigkeiten nur etwa 6 Kilometer pro Sekunde und sind deshalb schwierig zu messen. Der Radius dürfte etwa 10 bis 20% um den mittleren Wert oszillieren. Das Helligkeitsminimum ist einerseits durch die kleinere Oberfläche, andererseits durch die niedrigere Temperatur bedingt. Dies allein genügt aber nicht, um den enormen Helligkeitsabfall auf weniger als 1%, nämlich um 6 Größenklassen zu erklären. Der Temperaturrückgang hat eine weitere Kondensation von Titanoxid zur Folge und damit eine Verstärkung der Absorption. Zudem scheint bei der Minimumstemperatur der Stern von einem Schleier kondensierter Materie umgeben zu sein, der zusätzlich das Licht am Austritt aus dem Stern behindert. Die Helligkeitsvariation dürfte darnach hauptsächlich durch die Temperaturvariation ausgelöst werden, weniger durch die direkt damit zusammenhängende Variation der Ausstrahlung, als indirekt durch von ihr verursachte Änderungen des Zustandes der Sternatmosphäre.

Zu den vielen Absonderlichkeiten von Mira kam 1923 noch die Entdeckung eines Begleiters. Mira ist ein Doppelstern. Diese Entdeckung hat aber mehr neue Probleme geschaffen als alte gelöst. Kein anderer Stern hat einen solchen Begleiter und dieser ein Spektrum wie kein anderer Stern. Er ist blau und nur 0,8″ vom Hauptstern entfernt. Auch er ist ein Veränderlicher mit einer Amplitude von $1^m.5$. Wenn er sich im Helligkeitsmaximum befindet und Mira im Minimum, sind beide etwa gleich hell. Seine Leuchtkraft scheint sich sowohl kurzzeitig als auch langzeitig zu ändern, was jedoch schwierig zu untersuchen ist, weil er stets nur in der kurzen Zeit, wenn Mira schwächer als von der 8. Größenklasse ist, beobachtet werden kann. Sein Spektrum besteht aus breiten, hellen Linien von Wasserstoff, Helium und Kalzium von variabler Intensität und den korrespondierenden Absorptionslinien an ihren Flanken. Um das Maß an mysteriösen Erscheinungen vollzumachen, zeigt der Begleiter gegenüber dem Hauptstern keine Bewegung, während sich eine solche üblicherweise bei engen Doppelsternen schon nach wenigen Jahren nachweisen läßt.

Nach mehr als 300 Jahren Forschung ist Mira noch immer ein wundervoller Stern und voll von Problemen.

Delta Cephei

Von den Bastionen der antiken Kosmographie fiel in der Neu-zeit eine nach der andern: die zentrale Stellung der Erde, die Starrheit des Himmels, die Unveränderlichkeit der Gestirne. Zwar sind diese Maximen schon im Altertum durch einzelne Gelehrte oder gelegentliche unbotmäßige Himmelserscheinungen wie Kometen oder das Aufleuchten und Wiederverschwinden von vorher nicht gesehenen «neuen» Sternen, wie einer von Hipparch 134 v. Chr. beschrieben worden ist, durchbrochen, im gesamten aber nicht erschüttert worden. Deshalb war die Entdeckung der Veränderlichkeit der Helligkeit einiger Sterne eine Sensation. Dem ersten, noch vor der Erfindung des Fernrohrs entdeckten Veränderlichen, Mira Ceti, dessen maximale Leuchtkraft seine minimale 500fach übertrifft, ist das vorangegangene Kapitel gewidmet. Dieser Fall blieb aber vereinzelt, so daß im Jahre 1782 die Ankündigung eines periodischen Lichtwechsels beim Stern Algol, über den noch berichtet werden wird, fast ebenso großes Aufsehen erregte wie die im Jahr zuvor erfolgte Entdeckung des Planeten Uranus. Mit der Auffindung eines weiteren variablen Objektes, des Sternes Delta im Cepheus im Jahre 1784, ist die Ära der Veränderlichenforschung eröffnet worden. Beide Entdeckungen gelangen dem jungen, 1764 geborenen und schon im Alter von 22 Jahren verstorbenen taubstummen Amateur-Astronomen John Goodrike.

Anders als bei Mira Ceti wechselt die Helligkeit von Delta Cephei mit der Präzision einer Uhr. Der ganze Ablauf dauert 5,36634 Tage. In der Zeit von 1 Tag und 13½ Stunden steigt die Helligkeit auf das 2,5fache und sinkt während den folgenden 3 Tagen und 19 Stunden wieder auf den Minimalwert ab. Die Ursache dieses Lichtwechsels, der sich weder bezüglich der Periodenlänge noch bezüglich der Helligkeitsamplitude in den vergangenen zwei Jahrhunderten merkbar verändert hat, blieb lange Zeit ungeklärt. Um zwischen den verschiedenen sich anbietenden Erklärungsmöglichkeiten entscheiden zu können, bedurfte es weiterer Untersuchungen.

Der äußerst regelmäßige Helligkeitsablauf ließ vermuten, daß es sich um ein Doppelsternsystem handelt, das mit der Periode des Lichtwechsels umläuft. Wegen der kurzen Umlaufzeit würden die beiden Sterne sich so nahe stehen, daß wir sie nicht getrennt sehen könnten. Die Bahnebene dieses Systems müßte so gelagert sein, daß abwechslungsweise die eine Komponente von der andern bedeckt würde. Allerdings bedürfte es noch zusätzlicher und wenig plausibler Annahmen, um den glatten und asymmetrischen Verlauf der Lichtkurve erklären zu können. Wenn es sich aber um nur einen einzigen Stern handelt, liegt die Vorstellung nahe, die Periode des Lichtwechsels sei seine Rotationsdauer. Damit die Rotation eine Intensitätsänderung zur Folge hat, müßte der Stern auf seiner Oberfläche eine ungleichförmige Helligkeitsverteilung aufweisen. Es gibt zwar Sterne, bei denen dies zutrifft, aber zu diesen gehört δ-Cephei wohl kaum. Es bleibt noch die Annahme, daß tatsächlich der Energieausstoß des Sternes sich periodisch verändert, was bei den beiden zuerst genannten Alternativen nicht der Fall wäre. Weitere, über die bloße Helligkeitsvariation hinausgehende Informationen sind notwendig, um die Natur unseres Sternes aufzuklären.

Mit der Helligkeit des Sternes ändert sich auch seine Farbe, also seine Oberflächentemperatur. Dies ist ein überzeugendes Indiz, daß die Veränderlichkeit nicht durch irgendwelche Bewegungsverhältnisse vorgetäuscht, sondern reell ist und ihre Ursache in Veränderungen des Sternes selber hat. Im Helligkeitsminimum erscheint der Stern bei einer Atmosphärentemperatur von etwa 5000 Grad gelb, im Helligkeitsmaximum bei etwa 7000 Grad weiß. Da die Emission mit der Temperatur ansteigt, ist der synchrone Verlauf von Temperatur und Helligkeit verständlich.

Noch aufschlußreicher sind die Untersuchungen über die Linienverschiebungen im Spektrum des Sterns. Jede Linie, die man gleicherweise auf der Erde wie auf dem Stern beobachten kann, gehört einer bestimmten Atomsorte an. Allerdings sind die Wellenlängen entsprechender terrestrischer und kosmischer Linien stets um gewisse, meistens kleine Beträge verschieden. Dies rührt von der gegenseitigen Bewegung zwischen dem irdischen Beobachter und der kosmischen Lichtquelle her. Diese Linienverschiebung ist der relativen Geschwindigkeit in der Verbindungsrichtung von der Erde zum

Stern proportional und erfolgt nach längeren Wellen, im Spektrum also nach Rot, wenn die Entfernung zunimmt, nach kürzeren Wellen, also nach Blau, wenn sie abnimmt. Jeder Stern hat eine feste, für ihn charakteristische Linienverschiebung, die aber nichts aussagt über die Natur des Sterns, sondern nur etwas über seine Bewegung im Raum. Dieser konstanten Linienverschiebung ist im Spektrum von δ-Cephei noch eine mit der Lichtperiode veränderliche überlagert. Derartige periodische Verschiebungen sind von Doppelsternen, deren Komponenten eine geringe Separation aufweisen und deren Bahnebene nicht zu weit an der Erde vorbeigeht, wohlbekannt. Bei einem solchen System bewegt sich der eine Stern von uns weg und eine halbe Periode später auf uns zu, wenn jeweils beide Sterne nebeneinanderstehen und wir das volle Licht beider Komponenten erhalten. Die größten Linienverschiebungen, gleichgültig ob nach Rot oder nach Blau, treten somit gleichzeitig mit der größten Helligkeit auf. Wenn aber die eine Komponente die andere verdeckt, also bei minimaler Helligkeit, bewegen sich beide senkrecht zur Beobachtungsrichtung und verursachen keine Linienverschiebung. Bei δ-Cephei wird aber ein davon völlig abweichendes Verhalten beobachtet: größte Blauverschiebung bei größter Helligkeit und größte Rotverschiebung bei kleinster Helligkeit. Dies läßt sich erklären, wenn die Linienverschiebungen nicht durch Bewegungen des Sterns in seiner Gesamtheit verursacht werden, sondern durch solche innerhalb seiner Atmosphäre. Bei Blauverschiebung bewegt sich diese, von der wir die Strahlung erhalten, auf uns zu, bei Rotverschiebung von uns weg. Es handelt sich somit um einen pulsierenden Stern. Da die Expansionsgeschwindigkeit im Helligkeitsmaximum am größten ist, wächst der Stern weiter, wenn seine Helligkeit bereits wieder abnimmt, und erreicht seinen größten Durchmesser zwischen dem Maximum und dem Minimum. In diesem Moment kommt die Expansion zum Stillstand, die Linienverschiebung verschwindet, und der Stern beginnt sich zu kontrahieren bei zunehmender Rotverschiebung. Diese erreicht ihr Maximum etwa während des Helligkeitsminimums, und der Stern kontrahiert sich darüber hin-

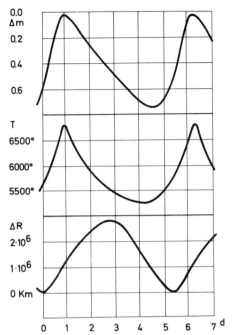

Die Variation der Helligkeit m in Größenklassen, der Temperatur T und des Radius R in km während einer Pulsationsperiode von 5,37 Tagen des Sterns δ-Cephei.

aus weiter, bis er zwischen Helligkeitsminimum und -maximum seinen kleinsten Durchmesser erreicht.

Leider ist die Entfernung von δ-Cephei, die rund 1000 Lichtjahre betragen dürfte, nicht gerade genau bekannt, was sich auf seine Zustandsgrößen überträgt. Dies ist um so bedauerlicher, als dieser Stern, wie wir noch sehen werden, wie wenige andere geeignet wäre, als Distanznormal zu dienen. Seine Masse dürfte etwa 10mal, sein mittlerer Radius etwa 30mal und seine Leuchtkraft etwa 600mal größer sein als die entsprechenden Werte unserer Sonne. Die mittlere Dichte in diesem riesig aufgeblähten Stern ist über tausendmal kleiner als diejenige der Sonne. Im Maximum hat der Stern einen um drei Millionen Kilometer größeren Radius als im Minimum; dieser ändert sich somit während der Pulsation etwa um 14%.

Es gibt eine sehr große Zahl von Veränderlichen, deren Helligkeitsvariationen durch Pulsationen verursacht sind. Aber jeder dieser «Cepheiden» hat eine verschiedene, für ihn charakteristische Periode. Diese liegt zwischen etwa einem halben und rund 50 Tagen. Die Dauer einer Pulsation, also einer Schwingung, hängt, vereinfacht ausgedrückt, von der Größe des Sterns ab. Wie ein kurzes Pendel eine kleine, ein langes eine große Schwingungsdauer hat oder eine kleine Glocke einen hohen, eine große einen tiefen Ton liefert, sind es auch die großen Sterne, welche langsam, und die kleinen, welche schnell schwingen. Das Produkt aus der Dichte und dem Quadrat der Pulsationsdauer ist konstant. Struktur und Entwicklung eines Sterns sind fast ganz durch seine Masse prädestiniert. Je größer die Masse, um so größer auch der Stern und seine Leuchtkraft. Es besteht deshalb, wenn der Stern überhaupt pulsiert, eine Beziehung in dem Sinne, daß mit zunehmender Periodenlänge auch die Leuchtkraft zunimmt.

Eine derartige Beziehung ist 1912 von Miss Leavitt an Cepheiden in der kleinen Magellanschen Wolke entdeckt worden. Die Entfernung dieses kleinen Sternsystems, die damals noch unbekannt war, beträgt etwa 200 000 Lichtjahre, sein Durchmesser rund 9000 Lichtjahre. Die Objekte dieser Wolke und damit auch die darin gefundenen Cepheiden haben deshalb praktisch alle dieselbe Distanz von uns. Die Helligkeiten der Cepheiden erwiesen sich als um so größer, je langsamer sie pulsieren. Da alle die gleiche Entfernung haben, unterscheiden sich die auf der Erde erhaltenen Intensitäten von den Leuchtkräften alle um denselben Faktor. Man braucht nun nur von einem einzigen Cepheiden, etwa von δ, die Entfernung und damit die Leuchtkraft zu kennen, um jedem Stern von bekannter Periode seine Leuchtkraft zuordnen zu können. Wo auch immer ein Pulsationsveränderlicher beobachtet wird, ergibt sich somit aus seiner Periode seine Leuchtkraft. Es ist dann eine einfache Rechnung, zu bestimmen, in welcher Entfernung er stehen muß, damit er gerade so hell erscheint, wie wir ihn sehen. Diese Methode der Entfernungsbestimmung ist sehr erfolgreich und weittragend, weil die Cepheiden zu den Sternen mit den größten Leuchtkräften gehören und deshalb noch in großen Distanzen gesehen werden können. Mit ihr war es auch möglich, die Entfernungen von Sternsystemen zu bestimmen, welche sich außerhalb unserer Milchstraße in Distanzen von vielen Millionen Lichtjahren befinden.

Aus der Struktur eines Sternes läßt sich leicht berechnen, mit welcher Frequenz er schwingen könnte. Die meisten aber tun es nicht und die andern nur während kurzen Abschnitten in ihrer Entwicklung. Die Cepheiden sind Riesensterne von etwa zehnfacher Sonnenmasse und von einer Leuchtkraft, welche diejenige der Sonne tausendfach übertrifft. Nach Masse und Leuchtkraft sind es Sterne der Klasse B, die jedoch nicht mehr auf dem Hauptast liegen, sondern sich in einem weiter fortgeschrittenen Entwicklungsstadium befinden (Abb. S. 15). Die Ausstrahlung wird auch bei diesen Sternen anfänglich durch die Energieproduktion aus der Fusion von Wasserstoff zu Helium gedeckt. Sie gehen aber mit ihren Reserven verschwenderisch um, indem sie tausendmal mehr Energie ausstoßen als die Sonne, obschon sie nur zehnmal so viel Kernbrennstoff, nämlich Wasserstoff, besitzen wie diese. Der Kern des Sternes – nur in diesem ist die Temperatur hoch genug, daß die Wasserstoffumwandlung eintritt – wird deshalb in einer hundertmal kürzeren Zeit als bei der Sonne ausgebrannt sein, also nach etwa 30 Millionen Jahren. Der Kern besteht dann nur noch aus Helium. Die Energieproduktion verlagert sich darauf in eine diesen Heliumkern umgebende Schale, in welcher der Wasserstoff noch unverbraucht ist. In dieser Phase schrumpft der nicht mehr aktive Kern zusammen, während sich die äußeren Teile expandieren. Der Stern, der ursprünglich, als er noch auf dem Hauptast lag, nur etwa dreimal größer war als die Sonne, wird nun zu einem Riesenstern von hundertfachem Sonnendurchmesser. Da sich dabei die Leuchtkraft nicht wesentlich verändert, somit dieselbe Energie, die anfänglich durch eine kleine Oberfläche abgestrahlt wurde, jetzt durch eine viel größere fließt, nimmt die Emission pro Quadratmeter und damit die Temperatur ab. Aus dem blauen B-Stern ist ein roter Riese geworden. In dem zusammenschrumpfenden Heliumkern steigt die Dichte auf einige tausend Gramm pro Kubikzentimeter, die Temperatur auf gegen hundert Millionen Grad. Dabei beginnt Helium zu Kohlenstoff zu fusionieren, wodurch die Energieproduktion erneut in Gang kommt. Lieferanten sind nun zwei Quellen, die zentrale des Heliumbrennens und die schalenförmige des Wasserstoffbrennens. Wie in der ersten Phase im Kern der Wasserstoff zu Helium aufgebaut wurde, wird jetzt das Helium zu Kohlenstoff verbrannt. Dadurch wird die Kontraktion des Kerns vorerst gestoppt und setzt sich erst wieder fort, wenn der Kern, der dannzumal aus Kohlenstoff besteht, ausgebrannt ist. Während dieser Vorgänge im Kern erfahren die äußeren Schichten einen mehrfachen Wechsel zwischen Kontraktion und Expansion, wobei sie sich abwechselnd erhitzen und abkühlen. Der Stern wandert deshalb in dem in der Abbildung auf S. 15 mit «Cepheiden» bezeichneten Bereich mehrfach horizontal hin und her.

Die Pulsationen kann man sich an einem Pendel oder an einer vertikalen Spiralfeder, welche mit einem Gewicht gespannt ist, veranschaulichen. Einmal angestoßen, gehen die Schwingungen dauernd weiter, indem abwechslungsweise die Bewegungsenergie in potentielle Energie verwandelt wird und umgekehrt. Ähnlich verhält sich der Stern; könnte man ihn komprimieren und wieder loslassen, würde er zunächst über die Gleichgewichtslage hinausschießen, dann aber durch seine Gravitation zum Stillstand und anschließend zu erneuter Kompression gebracht werden. Erfahrungsgemäß wird die Energie eines schwingenden Pendels durch die Luftreibung allmählich aufgezehrt; die Amplitude wird kleiner, und das Pendel kommt schließlich zur Ruhe. Ähnlich würden auch die Schwingungen eines Sternes gedämpft sein, und ein Cepheid müßte schon nach Jahrzehnten zur Ruhe kommen. In den zweihundert Jahren seit ihrer Entdeckung hat sich die Pulsation von δ-Cephei jedoch nicht merkbar verändert. Damit eine Pendeluhr nicht zum Stillstand kommt, muß ihr die durch Reibung verlorengegangene Energie wieder zugeführt werden. Ähnlich beim pulsierenden Stern, nur kann hier der Eingriff nicht wie bei der Pendeluhr von außen erfolgen, sondern es muß ein Mechanismus am Werke sein, der durch die Pulsation in Gang kommt und selber diese wieder verstärkt. Einen solchen Rückkoppelungsmechanismus kann man sich etwa folgendermaßen vorstellen: In der Kompressionsphase werden Druck und Temperatur erhöht. Dabei wird auch die Durchlässigkeit des Gases für die Sternstrahlung verändert. Eine variable Absorption wirkt wie ein Ventil für die Strahlung. Falls bei zunehmender Dichte und Temperatur die Absorption steigt, gelangt in der Kompressionsphase weniger Strahlung nach außen; die Energie staut sich, das Innere wird aufgeheizt und treibt den Stern auseinander. In der Phase der größten Aufblähung ist umgekehrt die Absorption verringert, die Strahlung kann ungehemmter nach außen fließen, das Innere kühlt sich ab, und der Stern fällt wieder in sich zusammen. So kann trotz dämpfender Einflüsse eine ungedämpfte Schwingung resultieren. Dieser Rückkoppelungsmechanismus funktioniert nur, wenn die Opazität, wie wir vorausgesetzt haben, bei steigendem Druck und steigender Temperatur zunimmt. Dies ist keineswegs immer der Fall, vor allem nicht in den inneren Teilen der Sterne, wohl aber in den äußeren Schichten der Cepheiden bis in eine Tiefe von einigen hunderttausend Kilometern. Die für diese Sterne so charakteristischen Pulsationen sind somit eine auf die oberflächennahen Schichten beschränkte Erscheinung.

Ein Stern, genannt Sonne

Anbetung des die Geschicke des Menschen lenkenden Sonnengottes Râ im alten Ägypten um 1380 v. Chr.

Wenn von einem Stern schlechtweg die Rede ist, mag man sich darunter ein Gebilde vorstellen ähnlich unserer Sonne. Sie ist in jeder Hinsicht ein Durchschnittsbürger in unserem Sternstaat. Sie ist weder besonders heiß noch besonders kühl, zeichnet sich weder durch große noch durch kleine Leuchtkraft aus, und auch bezüglich ihrer Masse liegt sie im Mittelfeld. Aus Sterndistanzen betrachtet, etwa aus einer Entfernung von hundert Lichtjahren, würde die Sonne schon nur noch mit einem Teleskop zu sehen sein. Ein Astronom eines nachbarlichen Planetensystems würde den Stern Sonne weder interessant noch auch nur beachtenswert finden; ausgerüstet mit Instrumenten, wie sie uns zur Verfügung stehen, könnte er weder bemerken, daß dieser Stern von Planeten umkreist, noch daß er dauernd aktiv ist und nicht selten durch Eruptionen in Aufruhr gerät.

Licht und Wärme unserer Sonne unterhalten das irdische Leben; nichts regt sich, nichts bewegt sich ohne sie. Der nie versiegende Energiestrom der Sonne läßt die Vegetation ergrünen, treibt Wind und Wolken über Meere und Länder, hebt im ewigen Kreislauf das Wasser ins Gebirge, und wenn wir, der Sonne entrückt, uns am glimmenden Feuer erwärmen, empfangen wir wiederum Sonnenenergie, jahrelang gespeichert im Holz, jahrmillionenlang in der Kohle. Für die Erde ist die Sonne Anfang und Ende, für den Astronomen aber nur ein Stern, ein ganz gewöhnlicher, mittelmäßiger. Trotzdem ist sie für die Stellarforschung wichtiger als irgendein anderer Stern. Wir stehen ihr millionenmal näher als unseren nächsten Nachbarn und sehen sie deshalb nicht nur als leuchtenden Punkt, sondern als Scheibe, auf der wir mit dem Fernrohr die Vielfalt der solaren Witterungserscheinungen beobachten und ihre Entwicklung verfolgen können.

Die auffälligsten unter den Phänomenen der Sonnenoberfläche sind die Flecken, dunkle Gebiete, die gelegentlich solche Größe erreichen, daß sie mit bloßem Auge wahrgenommen werden können. Derartige Erscheinungen wurden vereinzelt schon in der vorteleskopischen Ära erwähnt, aber nicht der Sonne zugeschrieben, die als Symbol der Reinheit nicht voll befleckt sein konnte.

An einem Dezembermorgen des Jahres 1610 benutzte Johannes Fabricius das kurz zuvor erfundene Fernrohr, um den Sonnenrand auf allfällige Ungleichheiten zu untersuchen, und entdeckte dabei zu seiner größten Verwunderung Flecken auf der Sonne. Er berichtet darüber in seiner Schrift «Narratio de maculis in sole observatis et apparente earum cum sole conversione», die er am 13. Juni 1611 seinem Förderer, dem Grafen Enno von Friesland, gewidmet hat: «Ich richtete das Fernrohr nach der Sonne; sie schien mir allerlei Ungleichheiten und Rauhigkeiten zu haben, auch um den Rand. Indem ich das nun aufmerksam betrachte, zeigt sich mir unerwartet ein schwärzlicher Flecken von nicht geringer Größe. Den folgenden Morgen erschien mir beim ersten Anblick der Flekken wiederum, indessen schien er seine Stelle ein wenig verändert zu haben. Als nach drei trüben Tagen der Himmel wieder heiter wurde, war der Flecken von Osten gegen Westen in einiger Schiefe fortgerückt. Ein weiterer Fleck folgte ihm und gelangte in wenigen Tagen vom Ostrand zur Mitte der Sonnenscheibe. Das leitet mich also auf eine Umdrehung der Flecken.»

Von ihrer Entdeckung an ist diesen «Sommersprossen» im Antlitz der Sonne ein großes Interesse entgegengebracht worden, nicht zuletzt weil sie sich dauernd verändern, nicht unähnlich dem irdischen Wetter. Es gab Zeiten, zu welchen sie monatelang ausblieben, andere, zu welchen mehrere hundert Flecken gleichzeitig vorhanden waren. Trotz fortlaufenden Beobachtungen blieben die Gesetzmäßigkeiten, denen der Wechsel der Sonnenfleckenhäufigkeit unterliegt, lange Zeit verborgen. Erst 1843 hat Heinrich Schwabe anhand eigener, seit 1826 in homogener Weise durchgeführter Beobachtungen die Ansicht geäußert, es scheine im Auftreten der Sonnenflecken eine Periode von etwa zehn Jahren zu bestehen, was sich alsbald bestätigt hat. In diesem Jahrhundert fielen Maxima der Sonnenfleckentätigkeit auf die Jahre 1905, 1917, 1928, 1937, 1947, 1957 und 1968, Minima auf 1901, 1913, 1923, 1933, 1944, 1954 und 1964. Die Periodenlänge ist Schwankungen unterworfen und beträgt im Mittel 11 Jahre. Auch die Intensität der Maxima unterliegt Variationen, wobei sowohl die hohen wie die niedrigen gruppenweise auftreten und sich gegenseitig in einem Rhythmus von etwa 90 Jahren ablösen.

Die Sonnenflecken erscheinen nicht nur bevorzugt zu gewissen Zeiten, sondern vorwiegend auch nur an bestimmten Orten, nämlich in zwei Zonen zu beiden Seiten des Sonnenäquators. Auch darin besteht eine Ähnlichkeit mit Erscheinungen des irdischen Wetters, etwa den tropischen Zyklonen. Wenn nach einer Zeit schwacher Aktivität die Flecken eines neuen Zyklus in Erscheinung treten, liegen diese in einem Abstand von 30 bis 35° vom Sonnenäquator. Während die Häufigkeit der Flecken zunimmt, verschiebt sich ihre Zone äquatorwärts und liegt um die Zeit des Fleckenmaximums bei etwa 16° heliographischer Breite. Bei abnehmender Fleckenhäufigkeit setzt die Zone ihre Wanderung fort und liegt unmittelbar vor ihrem Erlöschen bei etwa 6°.

Die Flecken treten gruppenweise auf, wobei eine einzige große Gruppe 200000 Kilometer lang sein und über hundert Einzelflecken enthalten kann. Unter diesen dominieren nach Größe und Persistenz zwei Flecken, der p-Fleck, welcher, im Sinne der Sonnenrotation, die Gruppe anführt, und der f-Fleck, welcher sie abschließt. Das paarweise, bipolare Auftreten ist charakteristisch für die Flecken. Wenn gelegentlich einmal eine unipolare Gruppe beobachtet wird, handelt es sich entweder um eine junge, von der erst der eine Hauptfleck in Erscheinung getreten ist, oder um eine alte, von welcher sich der eine Hauptfleck bereits wieder aufgelöst hat. Die kleinsten Flecken mit einem Durchmesser von nur einigen tausend Kilometern können schon nach wenigen Stunden wieder verschwinden, große dagegen, mit Durchmessern bis zu 60000 Kilometern, erreichen eine Lebensdauer von einigen Monaten. Allerdings kann ein so langlebiger Fleck nicht von Anfang bis Ende beobachtet werden, da die Rotation der Sonne ihn zeitweise unseren Blicken entzieht. Nach jeweils $27^1/_4$ Tagen kehrt uns die Sonne wieder dieselbe Seite zu. Sie rotiert nicht wie ein starrer Körper wie etwa die Erde; sie ist auch kein solcher, sondern eine Gaskugel. Ihre Rotationsdauer nimmt vom Äquator zu den Polen zu. In 50° heliographischer Breite ist sie um 10% größer als am Äquator. Durch diese differentielle Rotation gleiten benachbarte Gebiete der Sonnenatmosphäre aneinander vorbei. Da der p-Fleck etwas näher am Äquator liegt als der f-Fleck, bewegt sich jener schneller als dieser, wodurch die Gruppe auseinandergezogen wird. Für diese Divergenzbewegung ist allerdings die differentielle Rotation nicht allein verantwortlich.

Die Flecken sind nicht schlechthin schwarz, wie sie bei visueller Beobachtung oder auf Photographien erscheinen, sondern strahlen lediglich schwächer als die ungestörte Atmosphäre, und zwar weil in ihnen die Temperatur erniedrigt ist. Sie beträgt nur 4000 Grad gegenüber 6000 Grad in der Photosphäre. Die Abkühlung macht die Flecken sichtbar, ist aber doch nur eine Eigenschaft unter vielen. Eine andere, wohl wichtigere, aber nicht direkt sichtbare, ist ihr Magnetfeld. Schon im letzten Jahrhundert war bekannt, daß viele Linien im Spektrum großer Flecken in zwei Komponenten aufgespalten sind. Was dies bedeutet, war damals unbekannt und blieb es noch, als 1896 P. Zeeman entdeckt hatte, daß die Spektrallinien leuchtender Atome aufgespalten werden, wenn sich diese in einem starken Magnetfeld befinden. Erst im Jahre 1908 kam G. E. Hale auf die Idee, die Linienaufspaltung in den Sonnenflecken als Zeeman-Effekt zu deuten. Die Messung des Polarisationszustandes der einzelnen Komponenten hat seine Vermutung in vollem Umfang bestätigt. Sonnenflecken sind Magnete. Ihre Feldstärke steigt bis auf 3000 Gauß, während das irdische Magnetfeld weniger als 1 Gauß beträgt. Die Magnetfelduntersuchungen haben auch das Rätsel gelöst, warum jede Gruppe zwei Hauptflecken besitzt. Magnete treten stets als Doppelpole auf; nie erscheint ein einzelner Nord- oder Südpol. In diesem Sinne sind die Fleckengruppen bipolar; der eine Hauptfleck ist ein Nordpol, der andere ein Südpol. Hale hat überdies bemerkt, daß auf der nördlichen Hemisphäre der p-Fleck stets ein S-Pol, auf der südlichen Hemisphäre hingegen ein N-Pol war. Als dann 1913 die Fleckenzone in der Nähe des Äquators erlosch und in höheren Breiten die ersten Flecken des folgenden Zyklus erschienen, war ihre Polaritätsfolge umgekehrt. Jetzt war der

vorangehende Fleck einer Gruppe auf der Nordhalbkugel ein
N-Pol, auf der Südhalbkugel ein S-Pol, und so blieb es, bis
beim Fleckenminimum von 1923 die Polarität wiederum
gewechselt hat wie seither bei jedem Minimum. Der ganze
Zyklus dauert somit 22 Jahre, indem sich die Sonne jeweils
erst nach zwei 11jährigen Perioden wieder im gleichen magnetischen Zustand befindet.

Nicht nur die Flecken selber sind der Sitz von Magnetfeldern, sondern auch die weiteren, eine Fleckengruppe umge-
benden Bereiche; allerdings sind diese Felder etwa 20mal
schwächer als diejenigen der Flecken. Schließlich sind auch
außerhalb dieser Bereiche, wo die Sonne ungestört ist, und bis
zu den Polen magnetische Felder vorhanden; diese sind etwa
1000mal schwächer als die Fleckenfelder. Das von den gestör-
ten Stellen unabhängige «allgemeine» Feld tritt vor allem
außerhalb der Fleckenzonen, also in Äquatorabständen größer
als 40°, auf. Auch dieses Feld unterliegt der 22jährigen magnetischen Periode, wobei jeweils während 11 Jahren die eine
Polarkappe ein magnetischer N-Pol, darauf während der folgenden 11 Jahre ein S-Pol ist. Nord- und Südpol haben stets
entgegengesetzte magnetische Polarität, wobei sich der Pola-
ritätswechsel um die Zeit des Fleckenmaximums vollzieht.

Das alte Problem der Herkunft der Sonnenflecken und ihrer
Periodizität ist durch die Untersuchungen der Magnetfelder
seiner Lösung nähergebracht worden. H. W. Babcock, dem im
wesentlichen diese Untersuchungen zu verdanken sind, hat
die zyklischen Veränderungen des allgemeinen Feldes und
das Auftreten der Flecken in einem Modell zusammengefaßt,
welches in der Abbildung auf S. 67 in einigen Phasen dargestellt ist. Das erste Bild zeigt die Feldverteilung der ruhigen,
fleckenfreien Sonne. Magnetische Feldlinien sind stets in
sich geschlossen. Sie treten aus der südlichen Polarkalotte
aus (dort hat man ein nordpolares oder positives Feld), laufen
um die Sonne herum zur nördlichen Polarkalotte und tau-
chen dort in die Sonne ein. Unter der Oberfläche kehren sie
zum südlichen Polargebiet zurück (gestrichelte Linien). Das
Feld ist nur beobachtbar, wo die magnetischen Linien im
Außenraum verlaufen, also in den Polarkalotten; in den Ge-

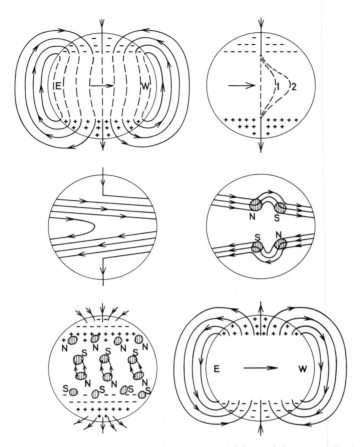

Die zyklische Variation der solaren Magnetfelder und der Sonnenflecken nach H. W. Babcock.

bieten zu beiden Seiten des Äquators bis zu Abständen von 50° von diesem bleibt es unsichtbar, weil es unter der Oberfläche liegt. Das polare Feld läßt sich bei einer totalen Sonnenfinsternis direkt beobachten in der Form der Polarstrahlen der Korona, der äußersten Atmosphäre der Sonne. Da die koronale Materie sich nur längs der magnetischen Feldlinien bewegen kann, sind jene Strahlen materialisierte Feldlinien. Im zweiten Bild ist nur noch eine einzige Feldlinie dargestellt. Ferner sind die Polaritäten, + = Nord bzw. − = Süd, in denjenigen Gebieten eingetragen, in welchen das Feld beobachtbar ist. Die Sonne, und mit ihr das Magnetfeld, rotiert in Richtung des eingezeichneten Pfeiles von Osten nach Westen. Da aber ihre Winkelgeschwindigkeit am Äquator größer ist als in höheren Breiten, hat sich der Äquatorpunkt der Feldlinie, wenn der Eintritts- und Austrittspunkt in 50° Äquatorabstand genau eine Umdrehung vollführt haben, bereits über den Ausgangspunkt hinaus bewegt. Nach einer Rotation hat die Feldlinie die Form 1 angenommen, nach zwei Rotationen die Form 2, und sie deformiert sich mit der Zeit immer mehr. Im dritten Bild ist die Feldlinie in einer fortgeschrittenen Entwicklungsphase dargestellt, in welcher sie bereits mehrfach um die Sonne herum aufgewickelt ist. Bei diesem Spaghettiprozeß wird das Magnetfeld verstärkt. Zunächst muß daran erinnert werden, daß von der Oberfläche einwärts die Temperatur ansteigt und die Materie im Niveau der Feldlinien weitgehend ionisiert, also in elektrisch positiv und negativ geladene Teilchen aufgespalten ist. Solche Teilchen können sich nur längs der Feldlinien bewegen. Versuchen sie, senkrecht zu diesen aus dem Feld zu entweichen, werden sie auf Kreisbahnen gezwungen, auf welchen sie die Feldlinien umlaufen. Die in einem magnetischen Schlauch enthaltene Materie bleibt somit in diesem gefangen. Bei der Verwirbelung des Schlauches nimmt seine Länge enorm zu. Da er aber stets aus derselben Materie besteht und Druck und Dichte innerhalb und außerhalb des Schlauches ausgeglichen sind, muß sein Volumen konstant bleiben, der Querschnitt somit kleiner werden. Anschaulich läßt sich die Feldstärke als die Dichte der Feldlinien, also durch die Zahl der Feldlinien, welche die zu diesen senkrechte Flächeneinheit durchstoßen, charakterisieren. Je dünner der Schlauch wird, um so höher steigt die Feldstärke. Im Gebiet des Magnetfeldes herrscht ein zusätzlicher magnetischer Druck, der verständlich wird, wenn man sich daran erinnert, daß gleichnamige magnetische Pole sich gegenseitig abstoßen. Dieser Druck steigt mit der Feldstärke, also mit der Kontraktion des magnetischen Schlauches, und ist schließlich neben dem Gasdruck nicht mehr zu vernachlässigen. Der Druckausgleich führt dann dazu, daß der Gasdruck im Schlauch, vermehrt um den magnetischen Druck, gleich dem Gasdruck außerhalb des Schlauches ist. Es ist deshalb der Gasdruck und damit die Dichte innen kleiner als außen, oder anders ausgedrückt: die magnetisierte Materie ist leichter als die unmagnetische. Deshalb erfährt der Schlauch einen Auftrieb, besonders dort, wo er am dünnsten, die Feldstärke somit am größten ist. An dieser Stelle steigt er auf, erreicht die Oberfläche und durchstößt diese. Wo die Feldlinien aus der Tiefe auftauchen, sehen wir den Querschnitt des Schlauches als magnetischen Nordpol, wo sie wieder unter die Oberfläche verschwinden als Südpol (viertes Bild S. 67). Damit ist verständlich geworden, warum die Fleckengruppen aus zwei Hauptflecken entgegengesetzter Polarität bestehen. Aus dieser Abbildung geht auch hervor, daß die beiden Hemisphären umgekehrte Polaritätsfolge zeigen, und ferner daß der p-Fleck, näher am Äquator liegt als der f-Fleck. Bei der Aufwicklung der Magnetschläuche wird die kritische Feldstärke, welche für das Aufsteigen notwendig ist, zuerst in höheren Breiten und sukzessive auch in niedrigen erreicht. Dies alles sind Aussagen der Theorie, welche mit längst bekannten Beobachtungstatsachen übereinstimmen. Wenn gegen Ende eines Zyklus die Fleckenzonen an den Äquator herangerückt sind, stehen sich die südpolaren p-Flecken der nördlichen und die nordpolaren der südlichen Hemisphäre gegenüber (Abb. 5, S. 67). In dieser Situation können die Feldlinien umgeleitet werden, indem sie jetzt von den nordpolaren p-Flecken der südlichen Hemisphäre über den Äquator zu den südpolaren der nördlichen verlaufen. Da nun die p-Flecken gegenseitig abgesättigt sind, müssen auch für die f-Flecken die Weichen neu gestellt werden, indem sich ihre Feldlinien mit den Feldern entgegengesetzter Polarität in höheren Breiten verbinden. So entsteht auf der Nordhalbkugel in mittleren Breiten ein Gürtel positiver Polarität, an den sich eine Polarkalotte negativer Polarität anschließt. Durch die Polwanderung der f-Gebiete wird allmählich die negative Polarität neutralisiert, aus der Polarkalotte verdrängt und darauf durch die nachfolgende positive ersetzt. In gleicher Weise, jedoch mit umgekehrten Polaritäten, vollzieht sich der Ablauf auf der Südhalbkugel. Dadurch wird schließlich nach etwa 11 Jahren die Ausgangskonfiguration wieder erreicht (Abb. 6, S. 67), allerdings mit vertauschten Polaritäten. Nun beginnt ein neuer Zyklus anzulaufen, und nach nochmals 11 Jahren ist erneut der Ausgangszustand wiederhergestellt, jetzt aber mit den Polaritäten von Bild 1 auf S. 67. Die Sonne befindet sich somit jeweils erst nach 22 Jahren wieder im gleichen magnetischen Zustand.

Die Energie der alten Magnetfelder wird durch den Sonnenwind in den Weltraum hinausgetragen. Die neuen Felder entstehen auf Kosten der differentiellen Rotation. Diese wäre schon nach Jahrtausenden verschwunden, würde sie nicht dauernd durch einen noch unbekannten Mechanismus aufrechterhalten. Das Problem des Sonnenzyklus ist damit auf das nicht weniger schwierige der differentiellen Rotation zurückgeführt.

Cor Caroli

Aus dem Altertum sind uns vielerlei Zusammenfassungen von auffälligen Sternkonstellationen zu Bildern überliefert. Andere sind in Vergessenheit geraten oder durch neue ersetzt worden. Aber auch die meisten der neuen waren nicht von Bestand. Da sich die Einteilung des Himmels in Bilder so sehr eingebürgert hatte, konnte die moderne Astronomie nicht ohne diese auskommen. Es blieb ihr aber die Aufgabe, die Sternbilder zu vereinheitlichen, den ganzen Himmel in solche aufzuteilen und ihre gegenseitigen Abgrenzungen festzulegen. Diese Aufteilung in Sternbilder, es sind deren 88, ist ebenso nützlich wie diejenige eines Landes in Provinzen. Für die helleren Objekte ist die Zuordnung zu Sternbildern bequem, bei dem Heer der schwachen hingegen bedient man sich besser der Koordinaten, sozusagen als Postleitzahlen.

Zu den in der Neuzeit von Edmund Halley eingeführten, aber wieder verschwundenen Sternbildern gehört auch Robur Caroli (Karlseiche), das an den 24stündigen Aufenthalt König Karls II. auf einer Eiche nach der 1651 bei Worcester verlorenen Schlacht erinnern sollte. Dagegen hat sich der Name Cor Caroli (Herz Karls II.) für den hellsten Stern in den «Jagdhunden» bis heute erhalten. Dieser soll in der Nacht der Rückkehr Karls II. nach London besonders hell geleuchtet haben. Verbürgt ist dies nicht, wäre aber nicht ausgeschlossen aufgrund unserer Kenntnisse über diesen Stern, der erst in neuester Zeit die Aufmerksamkeit der Astronomen auf sich gelenkt hat.

Es handelt sich um einen Doppelstern, von dem uns aber nur die hellere, mit α^2 Canum Venaticorum bezeichnete Komponente von der Helligkeit $2^m.9$ interessiert. Auf diese ist man gestoßen bei der Suche nach Sternen, die möglicherweise ein Magnetfeld haben könnten. Nachdem auf Mt. Wilson die Magnetfelder der Sonnenflecken entdeckt worden waren, konnte die Frage nicht ausbleiben, ob auch andere Sterne Träger von Magnetfeldern sind, sei es in Form von lokalen «Sternflecken» oder in Form eines allgemeinen Feldes. Um beobachtbar zu sein, müßten im ersten Fall die Flekken viel größer sein als auf der Sonne, im zweiten müßte das Feld hundertmal stärker sein als das solare. In jedem Fall aber würde der Nachweis sehr schwierig sein, indem die Aufspaltung einer Spektrallinie durch das Magnetfeld in zwei Komponenten, selbst wenn dieses eine Stärke von 1000 Gauß (Erdfeld etwa 1 Gauß) hätte, nur 0,01 Å beträgt. Trotzdem diese klein ist gegenüber der Breite der Linie, läßt sie sich messen, weil die beiden Komponenten verschiedene Polarisation aufweisen. Die Grenze der Meßbarkeit eines stellaren Magnetfeldes liegt bei etwa 200 Gauß. Von der Entdeckung der solaren Magnetfelder zu derjenigen der stellaren, die ebenfalls auf Mt. Wilson gelang, hat es Jahrzehnte gedauert.

Mehr gefühlsmäßig als wissenschaftlich fundiert hat man mit einer Vorstellung vom Zusammenhang der Rotation mit dem Magnetismus spekuliert, fällt doch bei der Sonne die magnetische Achse exakt mit der Rotationsachse zusammen, bei der Erde wenigstens näherungsweise. Darnach wären Magnetfelder am ehesten bei solchen Sternen zu erwarten gewesen, welche schnell rotieren. Das sind die Sterne der Spektraltypen B und A, bei welchen die Äquatorgeschwindigkeit einige hundert Kilometer pro Sekunde erreicht. Bei den F-Sternen ist sie schon viel kleiner, und bei der Sonne, einem G-Stern, beträgt sie nur 2 Kilometer pro Sekunde. Da die B-Sterne mangels geeigneter Linien ausscheiden, hat sich die Fahndung nach stellaren Magnetfeldern auf die A-Sterne konzentriert. Bei einem rasch rotierenden Stern ist das Licht, das von der auf uns zukommenden Seite stammt, nach Blau verschoben, das von der von uns weggehenden Seite nach Rot und das von den zentralen Teilen der Sternscheibe kommende unverschoben. Das über die ganze Scheibe integrierte Licht – und nur dieses läßt sich untersuchen – gibt somit verbreitete Linien. Diese Verbreiterung verhindert aber die Messung der sehr kleinen Magnetfeldaufspaltung. So sieht man sich vor die Situation gestellt, daß die schnelle Rotation, die man als Indiz für ein starkes Magnetfeld gehalten hat, den Nachweis eines solchen allfälligen Feldes durch die Linienverbreiterung verunmöglicht. Allerdings haben nicht alle A-Sterne rotationsverbreiterte Linien, was aber nicht bedeutet, daß es derartige Sterne gibt, die nur langsam rotieren, sondern daß es sich dabei um solche handelt, bei denen die Rotations-

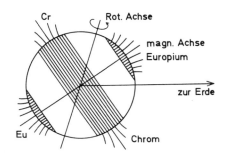

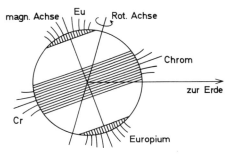

Schiefer Rotator als Modell eines magnetischen Sterns, gezeichnet für zwei um eine halbe Rotationsperiode auseinanderliegende Stellungen.

achse gerade auf uns zu gerichtet ist. In diesem Falle verlaufen alle Rotationsbewegungen senkrecht zur Blickrichtung und bewirken keine Linienverschiebungen. Die Suche nach Magnetfeldern unter diesen sonst normalen, aber scharflinigen A-Sternen ist jedoch ohne Erfolg geblieben; damit wurde die Vorstellung einer engen Verkoppelung von Rotation und Magnetismus umgestoßen. Vollends mußte sie aufgegeben werden, nachdem 1958 das Magnetfeld der Sonne seine Polarität ohne eine Veränderung ihrer Rotation gewechselt hatte.

Die Suche nach Magnetfeldern unter den A-Sternen erwies sich aber trotzdem zufolge eines besonderen, in diesem Falle glücklichen, jedoch zunächst unbeachteten Umstandes erfolgreich. H. W. Babcock gelang 1947 die Entdeckung des ersten magnetischen Sternes, welcher rasch weitere folgten, so daß heute einige Dutzend dieser Objekte bekannt sind. Jener besondere Umstand betrifft eine Sorte von Sternen, deren Spektrum bei oberflächlicher Betrachtung vom Typ A erscheint und die deshalb ebenfalls als A-Sterne bezeichnet werden, mit denen sie das Hauptmerkmal, die intensiven Wasserstofflinien, gemeinsam haben. Ihre Eigenheiten bestehen darin, daß gewisse Linien, vor allem von Chrom, Mangan, Silizium und Strontium, sehr viel intensiver sind als in gewöhnlichen A-Sternen und zudem Linien, welche in diesen völlig fehlen, auftreten, insbesondere solche der seltenen Erden Europium und Gadolinium. Überdies sind die Intensitäten dieser Linien starken Änderungen unterworfen, und sogar die Gesamthelligkeit schwankt bis zu einigen Zehntel-Größenklassen, während normale A-Sterne nicht veränderlich sind. Wegen ihrer Besonderheiten werden sie als «pekuliare» A-Sterne, A_p, bezeichnet. Von entscheidender Bedeutung ist, daß alle Sterne dieser Klasse scharfe Linien besitzen. Da es gänzlich unwahrscheinlich ist, daß bei allen die Drehachse nach der Erde zeigt, bleibt nur die Schlußfolgerung, daß sie, im Gegensatz zu den normalen A-Sternen, nur langsam rotieren. Ihre scharfen Linien gestatten, allfällige Zeeman-Aufspaltungen zu messen. Nichts spricht dagegen, daß alle A_p-Sterne starke Magnetfelder besitzen; vermutlich macht gerade diese Eigenschaft sie zu A_p-Sternen.

Cor Caroli ist ein schwach veränderlicher Stern mit einer Helligkeitsamplitude von $0^m.1$ und einer Periode von 5,47 Tagen. In diesem Rhythmus ändern sich die Intensität sowie die Wellenlänge der für die A_p-Sterne charakteristischen Linien und vor allem das Magnetfeld. Im Maximum beträgt die über die sichtbare Halbkugel des Sterns gemittelte Feldstärke etwa 1500 Gauß. Erstaunlicher noch als die Entdeckung des Magnetfeldes war seine Umpolung. In wenig mehr als einem Tag wird dieses Feld schwächer bis zum Verschwinden, worauf es wieder anwächst, jedoch mit umgekehrter Polarität. Wo immer bei Sternen Magnetfelder nachgewiesen worden sind, waren sie variabel, sei es unregelmäßig oder periodisch.

Da es schwierig ist zu verstehen, wie an einem festen Ort ein starkes Magnetfeld periodisch seine Polarität wechselt, ist man geneigt, die Periode als Umdrehungsdauer des Sterns zu interpretieren. Dadurch wird auch verständlich, daß die Linien nicht rotationsverbreitert sind, denn die Äquatorgeschwindigkeit beträgt dann bloß etwa 10 Kilometer pro Sekunde gegenüber etwa 100 bei einem normalen A-Stern. Völlig verwirrend ist das Verhalten der Linien, deren Intensität auf Magnetfelder empfindlich ist, nicht nur auf deren Stärke, sondern auch auf deren Polarität! Linien von ionisiertem Chrom treten mit großer Intensität auf bei positivem Feld, schwach dagegen bei negativem. Invers verhalten sich die in normalen A-Sternen überhaupt nicht vorhandenen Linien von ionisiertem Europium: schwach bei positivem Feld, stark bei negativem.

Ehe wir versuchen, diese Fakten zu einem Modell zusammenzubauen, werfen wir einen Blick auf andere magnetische Sterne, vor allem um zu sehen, welche Eigenschaften für alle zutreffen und welche nur Cor Caroli eigen sind. Seine Feldstärke von 1500 Gauß ist zwar typisch für einen magnetischen Stern, doch gibt es solche mit weit stärkeren Feldern. Den Rekord hält GL Lacertae mit 34000 Gauß. Die Zuordnung zwischen Linienintensität und Polarität ist nicht einheitlich. Während bei Cor Caroli die Chromlinien mit positiven Feldern, die Europiumlinien mit negativen auftreten, sind bei dem Stern Nr. 125248 des Henry-Draper-Kataloges die Europiumlinien am stärksten bei maximalem positivem Feld, die Chromlinien bei maximal negativem. Wieder anders verhält sich der Henry-Draper-Stern Nr. 71866. In diesem sind die Europiumlinien am stärksten bei maximalem Magnetfeld, gleichgültig ob von positiver oder negativer Polarität, und am schwächsten, wenn die Feldstärke klein ist.

Verallgemeinernd kann man wohl sagen, daß alle A_p-Sterne ein Magnetfeld besitzen, die normalen A-Sterne dagegen keines. Umgekehrt sind alle magnetischen Sterne von der Klasse A_p. Wo bei derartigen Sternen kein Feld bekannt ist, hat die Rotationsverbreiterung der Linien den Nachweis verhindert. Je kürzer die Periode, um so breiter die Linien. Dies läßt wieder darauf schließen, daß die magnetische Periodizität durch die Rotation des Sterns bedingt ist.

Zu Cor Caroli zurückkehrend, erhebt sich zunächst die Frage, warum die Linien der seltenen Erden so intensiv auftreten. Doch kaum weil diese Elemente besonders häufig sind, denn da die Intensitäten variieren, müßte dies auch für die Elementenhäufigkeit zutreffen. Verwandte Elemente wie etwa Barium verhalten sich ganz normal. Die anomalen Intensitäten gewisser Linien sind deshalb eher auf eine anomale, nämlich durch das Magnetfeld gestörte Schichtung zurückzuführen. Da dieses Feld örtlich verschieden ist, könnte auch verstanden werden, warum die Schichtung und damit das Spektrum von Ort zu Ort variiert.

Die nächste Frage betrifft die Herkunft des Magnetfeldes. Ist es ein Relikt aus früheren Entwicklungsphasen, oder wird es fortwährend im Stern erneuert? Gegen die zweite Alternative spricht, daß die A-Sterne nach unseren Vorstellungen keine Konvektionszonen besitzen, in welchen ein Dynamoeffekt auftreten könnte. So bleibt noch die Möglichkeit, daß bei der Kontraktion des Sterns auch das Feld der interstellaren Materie mit kondensiert worden ist und dabei seine Stärke von einem Millionstel Gauß auf einige tausend angestiegen ist. Die Frage, warum nur die A_p-Sterne Magnetfelder haben, bleibt allerdings unbeantwortet.

Da die Materie der Sterne weitgehend ionisiert ist, besitzt sie eine große Leitfähigkeit, und das Magnetfeld, das in der Materie eingefroren ist, kann sich nur mit dieser bewegen. Wie dies im einzelnen geschieht, kann vorläufig erst vermutet werden. Vielleicht sind Oszillationen im Spiel, was allerdings durch keine Beobachtungen nachgewiesen ist, vielleicht handelt es sich um Vorgänge großen Stils analog dem 22jährigen magnetischen Zyklus der Sonne. Am verbreitetsten ist die Vorstellung eines schiefen Rotators. Damit ist gemeint, daß die Rotations- und die magnetische Achse gegeneinander geneigt sind. Das Magnetfeld ist dabei nach Intensität und Struktur konstant und wird von der Rotation mitgeführt. Welcher Art diese Struktur ist, bleibt offen. Am naheliegendsten ist es, eine bezüglich der magnetischen

Achse zylindersymmetrische Feldverteilung anzunehmen. Der einfachste Fall wäre ein Dipolfeld mit der maximalen Feldstärke an den Polen. Damit lassen sich jedoch die Variationen der Linienintensitäten mit der Feldvariation nicht in Einklang bringen. Dies gelingt dagegen bei einer passenden Änderung des Feldes, nämlich bei Annahme eines poloidalen Feldes, das seinen Maximalwert am Äquator aufweist. Je nach Richtung und Stärke des Feldes wird die Schichtung der Atmosphäre derart verändert, daß in einem Falle neben andern Linien vorzugsweise die Europium-, in einem andern vorzugsweise die Chromlinien verstärkt werden. Nimmt man an, daß die Europiumlinien vor allem im Gebiet der magnetischen Pole mit relativ geringer Feldstärke entstehen, die Chromlinien dagegen in dem starken Feld in der Nähe des magnetischen Äquators, lassen sich die periodischen Erscheinungen, wie sie sich von der Erde gesehen darbieten, nämlich die Variationen der Feldstärke, der Linienintensitäten und auch der Linienverschiebungen, so gut darstellen, wie dies bei Benutzung eines so einfachen Modells überhaupt möglich ist. Dieses ist in der Abbildung auf S. 74 in zwei Phasen vorgeführt, in der oberen, wenn dem Beobachter die die Europiumlinien aufweisende Polarkalotte zugekehrt ist, in der unteren eine halbe Rotation später, wenn sich die die Chromlinien enthaltende äquatoriale Zone im Zentrum der Sternscheibe befindet.

Algol

Wie so mancher andere Stern hat auch dieser seine Bezeichnung aus einer Verstümmelung seines Namens in der arabischen Astronomie erhalten. Dort hieß er El Ghoul, was etwa «veränderlicher Charakter» bedeutet. Satanskopf und Dämonenstern sind andere aus dem Altertum überlieferte Namen. Sie deuten alle darauf hin, daß es mit diesem Stern eine besondere Bewandtnis hat. Vermutlich haben schon die alten, Himmelsbeobachtungen betreibenden Völker die Variabilität seiner Helligkeit gekannt. Die erste Mitteilung darüber stammt von G. Montanari, der am 8. November 1670 den Stern im Helligkeitsminimum beobachtet hat. Dieselbe Beobachtung wurde 1733 von Miraldi gemacht, aber erst 1782 wurde durch den 1764 geborenen, taubstummen Amateurastronomen John Goodrike der periodische Wechsel der Helligkeit des Sternes erkannt. Am 12. November 1782 hat er beobachtet, wie der Stern schwächer wurde und hernach wieder zu seiner normalen Helligkeit zurückkehrte. Dies wiederholte sich regelmäßig nach jeweils 2 Tagen und 21 Stunden. Während 5 Stunden nahm die Helligkeit ab und während der folgenden 5 Stunden wieder zu. Die minimale Helligkeit schätzte er zu einem Drittel der maximalen. Goodrike hat für seine Beobachtungen zwei Erklärungsmöglichkeiten gegeben: Entweder wird der Stern von einem großen Körper derart umkreist, daß dieser bei jedem Umlauf einen Teil des Sternlichtes von uns abhält, oder der Stern ist einseitig von großen dunklen Flecken bedeckt und kehrt uns während seiner Rotation abwechslungsweise die dunkle befleckte und die helle unbefleckte Seite zu. Von diesen beiden Alternativen hat sich die Hypothese der Doppelsternnatur als richtig erwiesen.

Algol ist ein auffälliger Stern, so hell wie der Polarstern und der zweithellste im Sternbild Perseus, weshalb er die moderne Bezeichnung β Persei trägt. Wegen seiner großen Helligkeit war er, als vor hundert Jahren die Spektroskopie in die Stellarastronomie eingeführt wurde, ein geeignetes Objekt für diese Methode. Carl Vogel hat mit der Periode des Lichtwechsels sich verändernde Linienverschiebungen beobachtet. Diese resultieren aus der alternierenden Bewegung auf uns zu und von uns weg. Damit war die Doppelsternnatur von Algol erwiesen. Wenn die eine Komponente sich uns nähert, entfernt sich die andere. Man hätte deshalb gleichzeitig blauverschobene Linien des einen und rotverschobene des andern Sternes zu erwarten. Das aber trifft nicht zu; stets tritt nur die eine oder die andere Verschiebung auf, was bedeutet, daß man im Spektrum überhaupt nur den einen Stern sieht. Der andere bleibt unsichtbar, weil er mindestens drei Größenklassen schwächer ist als der Hauptstern.

Mit der Verbesserung der Beobachtungstechnik ist die Lichtkurve von Algol immer wieder von neuem aufgenommen worden. Sie gehört unter allen Veränderlichen zu den am besten bekannten und ist auf S. 82 dargestellt. Die Helligkeit beginnt ziemlich unvermittelt abzunehmen, sinkt gleichförmig und erreicht nach 4,9 Stunden den Tiefstwert, der um $1^m.2$ unter dem Ausgangswert liegt. Die Helligkeit bleibt aber nicht stationär, sondern beginnt bei Erreichung des Minimums sogleich wieder zu steigen. Die Zunahme erfolgt genau symmetrisch zur vorangegangenen Abnahme. Nach 2,867 Tagen tritt ein weiteres genau gleiches derartiges «Hauptminimum» auf. Dazwischen bleibt die Helligkeit ungefähr konstant auf dem Wert von $2^m.2$. Eine feinere Photometrie läßt ein sekundäres Minimum erkennen, das zeitlich exakt zwischen zwei Hauptminima liegt. Seine Tiefe beträgt aber nur etwa 3% derjenigen des Hauptminimums. Noch eine weitere Besonderheit zeigt sich in der Lichtkurve: Zwischen den beiden Minima ist die Helligkeit nicht konstant. Sie steigt vom Ende des Hauptminimums zum Anfang des Nebenminimums und nimmt vom Ende des Nebenminimums zum Anfang des folgenden Hauptminimums wieder ab.

Aus diesen Fakten gilt es, ein Modell unseres Doppelsterns zu konstruieren. Die beiden Komponenten sind, wie schon das Spektrum zeigt, von sehr verschiedener Helligkeit. Das Hauptminimum entsteht, wenn die zum Gesamtlicht wenig beitragende schwächere Komponente die hellere bedeckt. Es handelt sich aber nicht um eine totale Bedeckung, denn dann würde für deren Dauer die Helligkeit konstant bleiben. Bei einer partiellen Bedeckung dagegen hat das Minimum eine

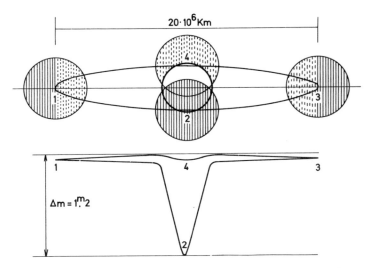

Modell des bedeckungsveränderlichen Algol. Unten die während eines Umlaufes beobachteten Helligkeitsvariationen. Den vier eingetragenen Positionen entsprechen die darunter dargestellten Helligkeiten.

Spitze, was genau der Beobachtung entspricht. Wir haben ferner schon erwähnt, daß der Begleiter mindestens um drei Größenklassen schwächer ist als der Hauptstern. Da aber die Helligkeit um nur $1^m.2$ zurückgeht, kann die Bedeckung nur partiell sein. Die Erde muß sich etwas außerhalb der Bahnebene befinden, so daß der Begleiter beim Vorübergang vor dem Hauptstern diesen nur teilweise bedeckt. So kommt man zu der in der obigen Abbildung dargestellten maßstabgetreuen räumlichen Struktur des Doppelsterns.

Für eine zuverlässige Analyse der Daten ist die Kenntnis der Entfernung unentbehrlich. Da es sich um ein helles Objekt handelt, konnte vermutet werden, daß es auch ein nahes ist. Tatsächlich ergab sich eine noch gut meßbare Parallaxe von 0,034'', was bedeutet, daß der Radius der Erdbahn vom Stern aus unter diesem Winkel erscheint bzw. die Entfernung

96 Lichtjahre beträgt. Daraus erhält man eine absolute Helligkeit von $M = -0^m.8$. Dies ist ungefähr die absolute Helligkeit des Hauptsternes, da das Licht im wesentlichen von diesem stammt. Nach dem Spektrum handelt es sich um einen Stern vom Typus B, der aber viel Ähnlichkeit mit einem A-Stern besitzt. Ein solcher hat eine Temperatur von etwa 12 000° und übertrifft die Sonne im Durchmesser um das Dreifache, nach Masse um das Fünffache. Allerdings ist es nicht ausgeschlossen, daß der Hauptstern von Algol von einem durchschnittlichen B-Stern mehr oder weniger abweicht. Fürs erste aber wollen wir die aufgeführten Zustandsgrößen akzeptieren.

Aus der schon erwähnten periodischen Linienverschiebung erhält man die Umlaufgeschwindigkeit des B-Sternes und zusammen mit der Umlaufzeit den Radius der Bahn, welche der Hauptstern um den Schwerpunkt beschreibt. Könnte man in gleicher Weise auch Umlaufgeschwindigkeit und Bahnradius des Begleiters bestimmen, so wäre der Abstand der beiden Komponenten bekannt und zusammen mit dem dritten Keplerschen Gesetz auch die Gesamtmasse des Systems. Schließlich würden die Bahnradien mit dem Schwerpunktsatz die Massen der beiden Komponenten im einzelnen liefern. Dieser Weg ist aber nicht gangbar, weil das Licht des Begleiters von dem mindestens zwanzigmal helleren Hauptstern völlig überstrahlt wird. Man muß sich deshalb damit begnügen, über die nicht beobachtbaren Zustandsgrößen des Begleiters, Leuchtkraft, Masse, Temperatur und Radius mehr oder weniger plausible Annahmen zu treffen. Mit diesem Modell ist es dann möglich, die Lichtkurve zu berechnen. Hätten wir mit unseren Annahmen das Richtige erraten, würde die so berechnete Lichtkurve mit der beobachteten übereinstimmen. Da aber nicht erwartet werden kann, daß man auf Anhieb das Richtige getroffen hat, werden sich Diskrepanzen zeigen zwischen der berechneten und der beobachteten Lichtkurve. Es ist nicht schwer zu erkennen, wo und in welcher Weise eine bestimmte Annahme sich in der Lichtkurve bemerkbar macht. Deshalb können die geeigneten Änderungen in unseren Annahmen vorgenommen werden, immer wieder, bis schließlich das Modell die Lichtkurve richtig darstellt. Auch wenn dies gelungen ist, besteht nur eine gute Chance, jedoch keine Gewähr für die Richtigkeit des Modells. Es könnten nämlich verschiedene Annahmen zum gleichen Resultat führen, etwa wenn eine unbekannte Zustandsgröße die Lichtkurve überhaupt nicht wesentlich beeinflußt oder wenn sich die Auswirkungen der Variationen von zwei verschiedenen Zustandsgrößen gerade kompensieren.

Dieser Weg der schrittweisen Verbesserung, der in vielen Fällen der einzig gangbare ist, mußte auch bei der Enträtselung von Algol beschritten werden. Da jedoch dieser bekannteste Bedeckungsveränderliche ungewöhnlich sorgfältig beobachtet worden ist, dürfte das auf S. 82 dargestellte Modell in keinem Punkt stark von der Realität abweichen. Um den hellen Hauptstern, dessen Oberflächentemperatur 12 000° beträgt und der viermal massereicher und im Durchmesser dreimal größer ist als die Sonne, kreist im Abstand von 15 Sonnenradien ein relativ dunkler Begleiter, der mit einem Durchmesser von 500 Millionen Kilometer denjenigen des Hauptsternes um 17% übertrifft. Beide Komponenten bewegen sich mit der im Mittel 2,86731525 Tage betragenden Umlaufzeit um ihren gemeinsamen Schwerpunkt, und zwar auf kreisförmigen Bahnen, was daraus folgt, daß das sekundäre Minimum der Lichtkurve exakt in der Mitte zwischen zwei Hauptminima liegt. Da der Begleiter, obwohl er größer ist als der Hauptstern, viel schwächer ist als dieser, muß er eine geringe Flächenhelligkeit, also eine niedrige Oberflächentemperatur besitzen. Diese dürfte etwa um 4000° betragen.

Die Dauer der primären und der sekundären Bedeckung steht in einer Relation mit den Radien der beiden Sterne und ihrem gegenseitigen Abstand. Durch die in der Abbildung auf S. 82 getroffenen Annahmen ist diese Relation erfüllt. Auch die Neigung der Bahnebene ist so gewählt worden, daß das Hauptminimum die beobachtete Tiefe erhält. Das ist bei der Helligkeitsabnahme von $1^m.2$, wenn wir von Details wie etwa der Randverdunkelung der Sternscheibe und der Strahlung des Begleiters und eventuellen weiteren Komponenten absehen, der Fall, wenn rund zwei Drittel der Sternscheibe bedeckt werden. Die beim Hauptminimum bedeckte Fläche des Hauptsternes ist gleich groß wie die während des sekundären Minimums bedeckte Fläche des Begleiters. Da dieser eine geringe Flächenhelligkeit besitzt, ist das sekundäre Minimum viel schwächer als das primäre. Wenn die Flächenhelligkeit der vierten Potenz der Temperatur proportional ist – was für die Gesamtstrahlung gut, für die optische nur näherungsweise zutrifft –, so wären für die Tiefe des sekundären Minimums etwa 1 bis 2 % derjenigen des Hauptminimums zu erwarten, in Übereinstimmung mit der Beobachtung.

Es bleibt noch zu erklären, warum zwischen dem Hauptminimum und dem Nebenminimum die Helligkeit zu-, zwischen diesem und dem nachfolgenden Hauptminimum wieder abnimmt. Es handelt sich dabei um einen Beleuchtungseffekt, nicht unähnlich den Lichtphasen des Mondes. Sehen wir einmal von der Eigenemission des Begleiters ab, betrachten ihn somit als dunkel, erhalten wir nur das an ihm reflektierte Licht des Hauptsternes. Bei der unteren Konjunktion, also während des primären Minimums, kehrt uns der Begleiter die unbeleuchtete Seite zu. Im Laufe seiner Wanderung zur oberen Konjunktion wird mehr und mehr die beleuchtete Seite sichtbar, und die Helligkeit steigt an, bis uns, unmittelbar vor dem sekundären Minimum, die vollbeleuchtete Seite zugewendet ist.

Aus den Linienverschiebungen ergibt sich eine Bahngeschwindigkeit des B-Sternes von 60 Kilometer pro Sekunde. Aus den Linienverbreiterungen erhält man einen etwa gleich großen Betrag für die Rotationsgeschwindigkeit, was bedeutet, daß Umlauf- und Rotationsperiode identisch sind, der Stern somit seinem Begleiter stets dieselbe Seite zuwendet. Aus der Zeit und der Geschwindigkeit des Umlaufes errechnet sich der Abstand des Hauptsternes vom Schwerpunkt des Systems zu 3 Sonnenradien. Bei dem schon erwähnten Abstand von 15 Sonnenradien zwischen den beiden Sternen hat der Begleiter vom Schwerpunkt somit einen solchen von 12 Sonnenradien. Nach dem Schwerpunktsatz ist dann seine Masse etwa gleich derjenigen der Sonne oder etwas kleiner. Der Begleiter wäre also ein roter Unterriese.

So einfach das Algolsystem zu sein scheint, hat es bis in die jüngste Zeit immer wieder mit Überraschungen aufgewartet. Schon vor hundert Jahren war bekannt, daß das Intervall zwischen den Hauptminima, die scharf und deshalb zeitlich exakt festzulegen sind, kleinen Schwankungen unterliegt. Diese sind durch einen dritten Körper verursacht, der an der Helligkeitsvariation unbeteiligt ist und das Doppelsternsystem in 1,861 Jahren auf einer elliptischen Bahn von großer Exzentrizität umläuft. Möglicherweise ist noch ein vierter Körper im Spiel mit einer Umlaufzeit von 188 Jahren. Der dritte Stern hat eine größere Leuchtkraft als der Begleiter und ist nur etwa um zwei Größenklassen schwächer als der Hauptstern. Wenn nun dieser im Hauptminimum zu zwei Dritteln bedeckt ist, läßt sich das Spektrum der dritten Komponente aufnehmen. Es ist das Spektrum eines Sternes vom Typus A oder F mit einer Temperatur von 7500°, mit einer absoluten Helligkeit von $+3^m$ und einer Masse, die um 30% größer ist als diejenige der Sonne. Er steht von dem nicht auflösbaren Doppelstern maximal um 2,9 astronomische Einheiten ab, was einer Trennung von 0,1" entspricht. Das 5-m-Teleskop auf Mt. Palomar hat gerade ausgereicht, die dritte Komponente getrennt vom Doppelstern nachzuweisen.

Wenn in einem Doppelsternsystem die beiden Komponenten weit voneinander entfernt sind, verhalten sie sich wie isolierte Sterne. Wenn sie sich aber zum Berühren nahe stehen, beeinflussen sie sich gegenseitig und tauschen Materie aus. Algol ist zwar ein enger Doppelstern, jedoch kein Kontaktsystem. Es war deshalb bis vor kurzem auch nichts bekannt von einem Massenaustausch. Seit einigen Jahren aber ist der Hauptstern von β Persei in ein aktives Stadium eingetreten. Dabei ist er zu einem, allerdings recht sonderbaren, Radiostern geworden. Die Emission erfolgt stoßweise, wobei sie im Maximum hunderttausendmal intensiver sein kann als die Strahlung der Sonne. Die Ausbrüche dauern bis zu einigen Stunden und folgen sich in unregelmäßigen Abständen. Sie stehen in keiner Beziehung zur Lichtkurve und sind an keine ihrer Phasen gebunden. Mit dem Erscheinen der Radioemission erfolgte auch eine Veränderung im optischen

Spektrum. Vor allem traten Emissionslinien auf, wie sie von Sternen mit sehr ausgedehnten Enveloppen bekannt sind und deren Wellenlängenänderungen auf eine Expansion schließen lassen. Die Radioemission ist hauptsächlich auf einen Gasstrom zurückzuführen, der zwischen den beiden Komponenten fließt. Die dabei transportierte Materie dürfte pro Jahr etwa einen Hundertmillionstel der Sonnenmasse betragen. Der Stern hat sich neuerdings mit einer Hülle umgeben, die so groß ist, daß sie selbst den Begleiter noch einschließt.

Beta Lyrae

Bald nachdem John Goodrike in Algol den ersten Stern mit kurzperiodisch veränderlicher Helligkeit entdeckt hatte, gelang ihm 1784 als zweiten die Entdeckung der Variabilität von Beta Lyrae. Zwar ist dieser Stern etwa eine Größenklasse schwächer als Algol, aber trotzdem ein gut sichtbares Objekt, wenn es auch wegen der Nachbarschaft der sehr hellen Wega (Alpha Lyrae) nicht gerade auffällig erscheint.

Die Lichtvariation von Beta Lyrae ist derjenigen von Algol nicht unähnlich, weshalb es naheliegt, auch in diesem Fall anzunehmen, es handle sich um einen Doppelstern, dessen Komponenten nahe beisammenstehen, sich beim Umlauf gegenseitig verdecken und dadurch die Lichtvariation hervorrufen.

Obschon es sich in beiden Fällen um Bedeckungsveränderliche handelt, sind die zwei Systeme in ihrer physischen Natur doch sehr verschieden. Der Lichtwechsel von Beta Lyrae erfolgt mit einer Periode von 12,91 Tagen, wobei im Hauptminimum die Helligkeit von ihrem Maximalwert von $3^m.43$ um $1^m.05$ absinkt, im Nebenminimum jedoch nur um $0^m.35$. Während bei Algol die Helligkeitsabnahme bei Beginn einer Bedeckung scharf einsetzt und bei ihrem Ende die Helligkeitszunahme ebenso plötzlich aufhört, worauf die Helligkeit bis zur nächsten Bedeckung konstant bleibt, gibt es bei Beta Lyrae in keiner Phase eine gleichbleibende Helligkeit. Vielmehr nimmt sie nach Erreichung eines Maximums sofort wieder ab, nach Erreichung eines Minimums sofort wieder zu. Beta Lyrae hat eine gerundete Lichtkurve, Algol eine eckige. Während des primären sowohl wie während des sekundären Helligkeitsminimums bleibt bei Bedeckungsveränderlichen mit eckiger Kurve die Helligkeit für eine gewisse Zeit konstant, nämlich wenn die kleinere Komponente vor die größere tritt oder vollständig hinter dieser verschwindet. Es sind dies Doppelsterne, bei welchen die Durchmesser der beiden Komponenten wesentlich kleiner sind als ihr gegenseitiger Abstand.

Anders das Verhalten von Beta Lyrae. In diesem System stehen sich die beiden Sterne zum Berühren nahe. Schon in dem Moment, in welchem die größte Helligkeit erreicht wird, die beiden Sterne von der Erde aus gesehen somit nebeneinanderstehen, beginnt der eine hinter dem andern zu verschwinden und die Helligkeit abzunehmen. Daß keine der beiden Komponenten die andere ganz zu verdecken vermag, ist durch die Neigung der Bahnebene des Systems gegen die Blickrichtung von der Erde her bedingt. Die beiden Sterne, die sich sehr nahe stehen, mit ihren Atmosphären sich sogar berühren, sind zufolge ihres geringen Abstandes durch ihre Gravitation stark deformiert, ähnlicher einer Eiform als einer Kugel. Nur beiläufig sei erwähnt, daß Beta Lyrae ein vierfacher Stern und überdies eine Quelle von Radiostrahlung ist. Hier aber interessieren wir uns nur für die beiden in Symbiose lebenden Komponenten.

Weit mehr Informationen, als die Lichtkurve zu geben vermag, sind vom Spektrum zu erhoffen. Nach der Form der Lichtkurve hatte man erwarten können, daß die beiden Komponenten von nicht allzu verschiedener Helligkeit und deshalb im Spektrum jede durch ihre eigenen Linien zu erkennen seien, um so leichter, als die Linien der beiden Sterne verschiedene Verschiebungen aufweisen müßten. Diese Erwartung hat sich nicht erfüllt, indem fast immer das Spektrum von nur einer Komponente sichtbar ist. Zudem handelt es sich nicht um einen reinen Typ der Spektralklassifikation, sondern um einen blauen Stern vom Typus B, dessen Spektrum sowohl Absorptions- wie Emissionslinien überlagert sind, welche jenem Spektraltyp normalerweise fremd sind. Zweifellos ist Beta Lyrae ein ungewöhnlich interessanter Doppelstern, der zu unseren Vorstellungen über die Sternentwicklung wesentlich beitragen könnte, wenn wir etwas mehr über ihn wüßten. Daß gerade über diesen Stern unsere Kenntnisse so ungenügend sind, hängt damit zusammen, daß die Entfernung des Systems nur unsicher und das Spektrum des Begleiters fast gar nicht bekannt ist. Das Bild, das wir im folgenden von Beta Lyrae entwerfen, beruht deshalb in manchen Punkten auf Hypothesen. Verbesserte Beobachtungstechniken werden dereinst dieses Bild in den Details, nicht aber in den Hauptaspekten vielfach modifizieren und ergänzen.

Eine direkte Entfernungsbestimmung ist bei unserem Stern nicht möglich; seine Distanz ist so groß, daß seine Parallaxe kleiner ist als die Meßgrenze von etwa einer hundertstel Bogensekunde. Hingegen ist in diesem Fall die Methode der spektroskopischen Entfernungsbestimmung geeignet, denn im oberen Teil des Hertzsprung-Russell-Diagramms (S. 15) – und in diesem Teil befinden sich die B-Sterne – besteht eine sehr enge Beziehung zwischen dem Spektraltyp des Sterns und seiner Leuchtkraft. Aus der absoluten Helligkeit, die sich aus dem Spektraltyp abschätzen läßt, und der zu $3^m.4$ gemessenen scheinbaren Helligkeit ergibt sich die Entfernung zu rund 1000 Lichtjahren. Ein Stern auf dem oberen Teil des Hauptastes hat aber nicht nur große Leuchtkraft – Beta Lyrae ist tausendmal heller als die Sonne –, sondern auch ungewöhnliche Dimensionen. Nach Durchmesser und Masse dürfte er die Sonne zehn- bis zwanzigfach übertreffen. Der Hauptstern liefert mehr als 90% des Lichtes des gesamten Systems, und mit 180 Kilometer pro Sekunde bewegt er sich um den Schwerpunkt zwischen ihm und seinem rätselhaften Begleiter. Dieser ist nur beobachtbar während des Hauptminimums der Lichtkurve, aber auch dann nicht leicht, weil keine vollständige Bedeckung der Hauptkomponente eintritt und zu-

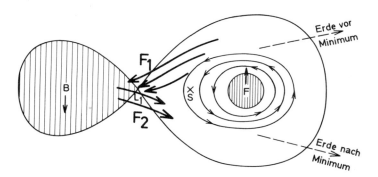

Der aus den Komponenten B und F bestehende Doppelstern β-Lyrae, wie er sich einem Beobachter senkrecht über der Bahnebene darbieten würde. Die Erde steht rechts in der Bahnebene.

dem die beiden Spektren nicht sehr verschieden sind. Beide sind keine reinen Typen. Der Hauptstern ähnelt einem B-Typ, der Begleiter einem F-Typ. Beide, vor allem aber der F-Stern, befinden sich in rascher Entwicklung und sind schon deshalb von den normalen B- und F-Sternen des Hauptastes verschieden. Der Begleiter ist ein Unterriese, der nach seiner Masse der Hauptkomponente kaum nachsteht oder diese sogar übertrifft. Jedenfalls handelt es sich um ein System von ungewöhnlich großer Masse. Falls beide Komponenten etwa zehnmal größer sind als die Sonne und sich mit ihren Oberflächen berühren, müßte ihre Gesamtmasse etwa das Zehnfache derjenigen der Sonne betragen. Sicher bekannt ist nur die Umlaufzeit; durch diese ist das Verhältnis von Größe zu Masse des Systems festgelegt. Die Masse könnte deshalb sehr wohl größer sein, wenn es auch die Dimensionen wären; es sind schon Werte von bis gegen hundert Sonnenmassen genannt worden.

Der Hauptstern bietet, abgesehen davon, daß mangels geeigneter Beobachtungen seine Zustandsgrößen nur ungenügend bekannt sind, keine besonderen Probleme. Ganz anders der Begleiter, der in seinem nur undeutlich in Erscheinung tretenden Spektrum, das die wesentlichen Merkmale eines F-Typs besitzt, eine verwirrende Fülle von Linien aufweist, die weder erwartet wurden noch in regulären Doppelsternen beobachtet werden. Es handelt sich sowohl um Absorptions-wie um Emissionslinien und zudem um solche variabler Intensität. Es gilt ein Modell des Doppelsterns zu entwerfen, das möglichst viele der spektralen Besonderheiten erklären kann. Zunächst erinnern wir daran, daß verdünnte Gase, die sich weit vom Stern entfernt befinden, etwa in den äußersten Teilen der Atmosphäre, als Absorptionslinien erscheinen, wenn sie sich zwischen Stern und Beobachter befinden, jedoch als Emissionslinien, wenn der Beobachter sie vor dem dunklen Himmelshintergrund sieht. Bei den anormalen Linien handelt es sich um solche von Magnesium und Silizium und vor allem um solche von Wasserstoff und Helium. Aufschlußreich sind die Variationen der Intensität und der Verschiebungen dieser Linien während eines Umlaufes, die sich aber in jeder Revolution wieder in etwas abgewandelter Weise zeigen. Manche Beobachtungen kann man nur deuten durch Wirbelbildungen, Auswürfe von Materie oder die Vorstellung, daß beide Sterne von einer gemeinsamen Enveloppe umhüllt sind. Diese Schale expandiert und erneuert sich ständig von innen heraus. Mit diesem Massenverlust geht eine langsame Änderung der Periode von Beta Lyrae einher.

Die auffälligsten Veränderungen im Spektrum vollziehen sich kurz vor und kurz nach dem Hauptminimum der Lichtkurve. Vor dem Minimum werden schon vorhandene Linien sehr viel intensiver und zeigen durch eine starke Rotverschiebung an, daß Materie mit einer Geschwindigkeit von etwa 200 Kilometer pro Sekunde von uns wegströmt, also vom Begleiter zum Hauptstern. Unmittelbar nach dem Minimum verrät analogerweise eine starke Blauverschiebung einen mit einer Geschwindigkeit von etwa 300 Kilometer pro Sekunde vom Hauptstern zum Begleiter fließenden Gasstrom.

Diese Beobachtungsbefunde, denen noch einige weitere angefügt werden könnten, reichen nicht aus, sich ein zuverlässiges Bild von dem Sternpaar zu machen. Ganz verschiedene Vorstellungen mit rotierenden und expandierenden Gasringen, -hüllen, -scheiben oder -spiralen vermögen viele der Beobachtungen mehr oder weniger gut zu interpretieren. Allen Modellen gemeinsam ist die dominierende Stellung des fast die gesamte Lichtemission liefernden Hauptsterns vom Typus B. Zufolge seiner großen Leuchtkraft ist er in seiner Entwicklung schon weit fortgeschritten, hat sich stark aufgebläht und füllt bereits die im folgenden Kapitel beschriebene Roche-Grenze aus, so daß am Librationspunkt L_1 Gas in den Gravitationsbereich des Begleiters überströmen kann. Dieser Begleiter ist zwar weniger hell und kleiner als die Hauptkomponente, trotzdem aber massereicher als diese. Deshalb liegt der in der Abbildung auf S. 92 eingezeichnete Schwerpunkt S des Systems näher beim Begleiter als beim Hauptstern. Der lichtschwache, von der Kugelform nur wenig abweichende Begleiter besitzt eine ausgedehnte Atmosphäre, die sehr schnell rotiert und dadurch ihre kugelförmige Gestalt verloren hat, jetzt stark abgeplattet ist oder sogar die Gestalt eines

94

flachen Ringes angenommen hat. Aus diesem Ring strömt zufolge der Gravitation des Hauptsternes Materie wieder zu diesem zurück (Pfeile F_1). Kurz vor dem Hauptminimum liegt dieser von uns weggerichtete Gasstrom gerade zwischen der Erde und dem Hauptstern. Er verursacht die schon erwähnte Rotverschiebung. Kurz nach dem Helligkeitsminimum sehen wir den aus der Roche-Grenze überströmenden Fluß (Pfeile F_2), der auf uns zukommt und deshalb stark blauverschobene Linien aufweist.

Weil das ganze System rotiert, erfolgen die Strömungen nicht radial zwischen den beiden Komponenten, sondern in den in der Abbildung auf S. 92 dargestellten Richtungen. Die Emissionslinien schließlich stammen von den äußerst stark verdünnten Gasen der Scheibe und des Ringes des Begleiters. Dieser verliert Materie, teilweise durch Expansion in den Weltraum, teilweise durch Abgabe an den Hauptstern längs den Pfeilen F_1. Andererseits gewinnt er Materie, die ihm von dem überkochenden B-Stern längs den Pfeilen F_2 zuströmt. Gesamthaft dürfte der bereits masseärmere B-Stern weiter an Masse verlieren, während der schon jetzt massereichere Begleiter fortfährt, die vom Hauptstern überströmende Materie aufzusammeln.

W Ursae majoris

Es ist eine bemerkenswerte Erscheinung, daß die Sterne eine ausgesprochene Neigung besitzen, paarweise, gruppenweise oder haufenweise aufzutreten. Die Zahl der Sterne, welche einem derartigen Verband angehören, ist nicht oder nicht viel kleiner als die der Einzelgänger. Ein solcher Verband wird durch die Gravitation zusammengehalten wie auch unser Sonnensystem. Die Komponenten eines Doppelsternes bewegen sich um ihren gemeinsamen Schwerpunkt. Dieser liegt, da die beiden Sterne Massen von vergleichbarer Größe besitzen, irgendwo in der Nähe der Mitte auf der Verbindungslinie zwischen ihnen. Im System der Planeten hingegen, die eine viel kleinere Masse als die Sterne haben, liegt er innerhalb der Sonne. Groß sind die Unterschiede in der Trennung der Sterne eines Paares. Bei einer Umlaufzeit von einigen Jahrzehnten sind die Abstände der Komponenten eines Doppelsternes etwa so groß wie die der äußeren Planeten von der Sonne. Sie können aber auch kleiner sein, viel kleiner sogar, ja die Sterne können sich bis zur Berührung nahe kommen. In solchen Fällen beträgt die Umlaufzeit nur noch Stunden oder wenige Tage. Doppelsterne mit großer Separation und solche mit sehr kleiner sind nach Entstehung und Entwicklung von völlig verschiedener Natur. Auf ihren langen Wegen durch die öde Leere des Weltraums kann es nicht ausbleiben, daß hin und wieder ein Stern einem andern begegnet. In den meisten Fällen werden sich dabei die zu Nachbarn gewordenen Sterne gegenseitig etwas von ihren Bahnen abbringen, dann aber nach diesem kurzen Besuch sich für immer wieder voneinander entfernen. Wenn hingegen die Bewegungen von zwei Sternen zu einer nahen Begegnung führen und ihre Geschwindigkeiten geeignete Werte besitzen, kann es zu einem gegenseitigen Einfang kommen, worauf sie fürderhin gemeinsam durch den Weltraum eilen und dabei sich um den Schwerpunkt dieses neu entstandenen Doppelsternsystems drehen. Aus der Formation dieses Systems wird klar, daß seine beiden Komponenten keinerlei Verwandtschaft aufweisen, indem sie an verschiedenen Orten, zu verschiedenen Zeiten und unter verschiedenen Umständen entstanden sind. Fremdlinge, die zufällig eine dauerhafte Verbindung eingegangen sind.

Ganz anderer Natur sind die Doppelsterne mit kleiner Separation und die Kontaktsysteme. Bei diesen handelt es sich um Zwillinge, die entweder anstelle eines einzigen Sternes oder durch Spaltung eines solchen entstanden sind. Sie sind am gleichen Ort und zur gleichen Zeit aus demselben Material hervorgegangen. Da die beiden Komponenten in Form ihrer Masse verschiedene Mitgift erhalten haben, sind sie in ihrer Entwicklung andere Wege gegangen und dabei verschieden weit gekommen. Das Studium dieser echten Zwillinge hat deshalb sehr viel zum Verständnis der Entwicklung der Sterne beigetragen. Besonders reichhaltig sind die Informationen aus denjenigen Doppelsternsystemen, welche gleichzeitig Bedeckungsveränderliche sind. Bei diesen befindet sich der irdische Beobachter in oder nahe der Bahnebene, so daß bei jedem Umlauf die eine Komponente einmal vor die andere tritt.

In weit getrennten Doppelsternen vollziehen die beiden Komponenten unabhängig voneinander ihre eigene Entwicklung; in den engen dagegen führen sie ein symbiotisches Leben, indem sie miteinander Strahlung und Materie austauschen. Betrachten wir zunächst einen einzelnen isolierten Himmelskörper, gleichgültig ob es sich um einen Stern, einen Planeten oder einen Mond handelt. Ein von ihm vertikal abgefeuertes Geschoß wird in einer bestimmten Höhe zum Stillstand kommen und hernach wieder zurückfallen. An jedem Ort des Sterns wird bei gleicher Anfangsgeschwindigkeit dieselbe Höhe erreicht. Die Flächen mit der Geschwindigkeit Null werden somit Kugeln sein. Je größer die Anfangsgeschwindigkeit, um so größer wird auch die Kugel mit der Geschwindigkeit Null. Da am Ort, wo das Geschoß die Geschwindigkeit Null erreicht, dieses nur noch potentielle Energie besitzt, welche nur vom Abstand vom Gravitationszentrum abhängt, sind die Flächen mit der Geschwindigkeit Null zugleich Äquipotentialflächen. Komplizierter sind die Geschwindigkeit-Null-Flächen im Falle von zwei nahe beisammenstehenden Sternen, weil sich deren Gravitationsfelder überlagern. Wie in diesem Falle die Äquipotentialflächen aussehen, ist auf S. 100 dargestellt. Diesem liegt die Annahme

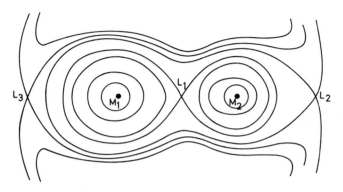

*Meridianschnitt durch die Äquipotentialflächen eines Doppelsterns,
wobei die Masse der linken Komponente diejenige der rechten um 50%
übertrifft.*

zugrunde, der Stern M_1 habe eine Masse, welche diejenige
der Sonne um 50% übertrifft, während der Stern M_2 dieselbe
Masse wie diese haben soll. In der Nähe jedes dieser Sterne
übertrifft dessen Gravitation diejenige des andern Sternes so
sehr, daß die Äquipotentialflächen noch nahezu kugelförmig
sind. Höhere Äquipotentialflächen, die bei größerer Anfangsgeschwindigkeit erreicht werden, weichen mehr und mehr
von der sphärischen Form ab und erscheinen in dem oben
gezeigten Meridianschnitt eiförmig, wobei die Spitzen stets
zum andern Stern hingerichtet sind. Dies ist leicht verständlich, denn in dieser Richtung wird die Gravitation des
einen Sterns durch die in entgegengesetzter Richtung wir-
kende des andern geschwächt. In der Verbindungsrichtung
zwischen den beiden Sternen kann deshalb mit einer gewissen Geschwindigkeit ausgeworfene Materie am höchsten
steigen. Schließlich wird der Fall erreicht, bei welchem sich
die beiden eiförmigen Flächen berühren und der Meridianschnitt der Äquipotentialfläche zu einer 8förmigen Schleife
wird. Von besonderem Interesse ist der Schnittpunkt L_1, der
in gleicher Weise den Bereichen beider Sterne angehört. Materie, die sich in L_1 befindet, hat im Potentialfeld den höchsten
Punkt mit der Geschwindigkeit Null erreicht wie ein Wande-

rer, der einen Berggrat erklommen hat. Die Materie kann von hier aus sowohl in das Potentialloch von M_1 als auch in dasjenige von M_2 hinabfließen. Durch L_1 hindurch kann somit ein Austausch von Materie von einem Stern zum andern erfolgen. Die Achterschleife, die sogenannte Rochesche Grenze, unterteilt den Bereich in drei Teile: Materie, welche sich innerhalb dieser Grenze befindet, gehört entweder zur einen oder zur andern Komponente, diejenige, die sich außerhalb befindet, hingegen weder zur einen noch zur andern, sondern kann sich als Wolke oder Ring um beide Sterne zugleich anordnen oder sich um die als gemeinsames Massenzentrum wirkenden beiden Sterne herumbewegen.

Für Geschwindigkeiten, welche die Rochesche Grenze überschreiten, haben die Äquipotentialflächen ellipsoidähnliche Formen mit einer Einschnürung in der Mittelebene der beiden Sterne. Die Meridianschnitte dieser äußeren Potentialflächen besitzen bei L_2 und L_3 zwei weitere Schnittpunkte. Diese sind 1772 von J.L. Lagrange gefunden worden, als er untersucht hat, wie sich ein «Probekörper» von sehr kleiner Masse im kombinierten Gravitationsfeld zweier großer Massen bewegt. Wie durch den Lagrangeschen Punkt L_1 kann Materie auch durch L_2 und L_3 hindurchtreten. Während aber die durch L_1 fließende Materie dem System erhalten bleibt, kann dieses durch Ausströmungen bei L_2 und L_3 Materie in den Außenraum verlieren. Für Geschwindigkeiten, welche auf die durch L_2, jedoch nicht auf die durch L_3 laufende Äquipotentialfläche führen, kann Materie rechts von L_2 abströmen. Wird schließlich die durch L_3 verlaufende Äquipotentialfläche erreicht, so kann auch durch diesen Punkt Materie das System verlassen.

In den meisten Fällen liegen die Oberflächen der beiden Sterne weit innerhalb der Rocheschen Grenze; sie sind dann vollständig voneinander getrennt und nur mehr oder weniger stark durch Gezeitenkräfte deformiert. In andern Fällen füllen beide Sterne die Rochesche Fläche ganz aus, so daß sie sich im Punkt L_1 berühren. Zwischen diesen Kontaktsystemen und den getrennten gibt es alle Übergänge, speziell den Fall, daß nur eine Komponente ihre Roche-Fläche ausfüllt.

101

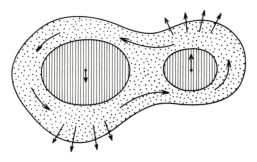

Schematische Darstellung des Doppelsterns W Ursae majoris, bei welchem die beiden Komponenten von einer gemeinsamen Hülle umgeben sind.

Ein vielfach untersuchtes Kontaktsystem ist W Ursae majoris, das einer ganzen Gruppe ähnlicher Doppelsterne den Namen gegeben hat. Es ist ein Doppelstern der 8. Größe, dessen beide Komponenten vom Spektraltyp F sind und nicht sehr verschiedene Helligkeiten besitzen, so daß man im Spektrum die Linien beider Sterne erkennt. Die meisten Kontaktsysteme, so auch W Ursae majoris, sind zugleich auch Bedeckungsveränderliche, denn bei dem kleinen Abstand zwischen den Komponenten kann es kaum ausbleiben, daß diese sich beim Umlauf gegenseitig mehr oder weniger stark bedecken. Nur wenn die Bahnebene senkrecht zur Blickrichtung steht oder nahezu so, bleibt die Bedeckung aus. Die Erde liegt nur wenige Grad auerhalb der Bahnebene von W Ursae majoris; trotzdem kommt es nicht zu einer vollständigen Bedeckung, da die Radien der beiden Sterne nicht allzu verschieden sind. Bei der Bedeckung der einen Komponente sinkt die Helligkeit um 0,6, bei derjenigen der andern um 0,7 Größenklassen. Der ganze Helligkeitsablauf wiederholt sich nach jeweils 0,334 Tagen. Die beiden Komponenten bewegen sich somit in der ungewöhnlich kurzen Zeit von 8 Stunden um ihren Schwerpunkt, was ein erster Hinweis ist, daß der Abstand zwischen den beiden Sternen sehr klein sein muß. Die aus den Verschiebungen der Linien im kompositären Spektrum abgeleiteten maximalen Geschwindigkeiten auf den Beobachter zu oder von ihm weg, also die Umlaufgeschwindigkeiten, betragen für die massenreichere Komponente 134, für die massenärmere 188 Kilometer pro Sekunde. Daraus ergeben sich mit der Umlaufzeit die Radien der beiden kreisförmigen Bahnen. Ihre Summe, also der Abstand zwischen den Mittelpunkten der beiden Sterne, beträgt rund 1,5 Millionen Kilometer, ist also etwa gleich dem Durchmesser der Sonne. Die zwei Komponenten würden sich also tatsächlich gerade berühren, falls beide gleich groß wären wie unsere Sonne. Zwar sind F-Sterne im allgemeinen etwas größer, aber auch massereicher als die Sonne. Die beiden F-Komponenten von W Ursae majoris hingegen besitzen etwas kleinere Massen, nämlich 0,9 Sonnenmassen die eine und 0,6 die andere. Deshalb dürften auch ihre Radien unternormal sein. Das Massenverhältnis beträgt somit 1,5, wie es den auf S. 100 dargestellten Äquipotentialflächen zugrunde liegt.

Bedeckungsveränderliche mit weit getrennten Komponenten sind an ihrer zackigen Lichtkurve zu erkennen: Während längerer Zeit bleibt die Helligkeit konstant, fällt dann schnell auf einen minimalen Wert, bis sie wiederum schnell zum ursprünglichen Wert aufsteigt. Anders bei W Ursae majoris: an keiner Stelle der Lichtkurve bleibt die Helligkeit auch nur für kurze Zeit konstant. Nach Erreichung des Maximums beginnt die Helligkeit sogleich wieder zu sinken und nach Erreichung des Minimums sogleich wieder zu steigen. Zufolge des kleinen Abstandes und der hohen Umlaufgeschwindigkeit sind die Sterne nicht mehr kugelförmig, sondern zu Ellipsoiden deformiert mit der langen Achse in ihrer Verbindungsrichtung, wie dies in der Abbildung auf S. 102 dargestellt ist. Wenn die beiden Komponenten nebeneinanderstehen, kehren sie uns ihre breite Seite zu und erscheinen deshalb am hellsten. Wenn das System sich weiterdreht, sehen wir die Sterne allmählich unter einem kleineren Querschnitt, so daß die Helligkeit – unabhängig von dem im gleichen Sinne wirkenden Bedeckungseffekt – abnimmt. Übrigens unterliegt sowohl die Form der Lichtkurve als auch die Periode kleineren Schwankungen, was auf eine in den Einzelheiten nicht beobachtbare Aktivität zurückzuführen ist, wie sie in Systemen mit Massenaustausch zwischen den beiden Sternen fast stets vorhanden ist.

Die Linien sind, und zwar in den Spektren beider Sterne, nicht nur periodisch verschoben, sondern auch verbreitert. Dies ist das Resultat einer schnellen Rotation der Sterne um ihre Achse. So gut sich aus der Linienverbreiterung die Rotationsgeschwindigkeit berechnen läßt, stimmt sie mit der Umlaufgeschwindigkeit überein. Die beiden Sterne kehren sich somit stets dieselbe Seite zu und drehen sich so umeinander, als ob sie starr miteinander verbunden wären.

Manche Einzelheiten im Spektrum, die sich während des Umlaufes verändern, führen zu der Vorstellung, daß die beiden Sterne, wie auf S. 102 dargestellt, von einer gemeinsamen Enveloppe umgeben sind. Das Gas dieser Hülle verstärkt die Absorptionslinien im Licht der Sterne. Diese Verstärkung erfolgt vor allem in den blauverschobenen Linien, also in dem sich auf uns zu bewegenden Teil, gleichgültig welcher Stern es ist. Im Bild ist diesem Umstand dadurch Rechnung getragen, daß der Hülle auf der Frontseite eine erhöhte Ausdehnung zugeschrieben wurde. Auf eine solche asymmetrische Ausbildung der Hülle dürften auch gewisse Variationen der Intensität solcher Linien, welche im Spektrum der Sterne in Absorption, in demjenigen der Hülle aber in Emission erscheinen, zurückzuführen sein. Da man nur die Superposition von Absorption und Emission beobachten kann, erscheinen die Linien mit verschiedener Intensität, je nach der Seite, die uns das System während des Umlaufes zuwendet.

Gewiß gibt die Abbildung auf S. 102 nur ein summarisches Bild von W Ursae majoris. Der Schlüssel zu seiner Verbesserung ist das Spektrum. Jede Erscheinung und jeder Vorgang in diesem Doppelsternsystem findet irgendwo im Spektrum seinen Ausdruck. Die Erkennung, Analyse und Interpretation seiner Feinheiten wird schließlich ein reales und an Einzelheiten reichhaltiges Bild von dem System liefern, von dem auch große Teleskope nicht mehr als einen leuchtenden Punkt zeigen.

U Cephei

Im Jahre 1880 wurde entdeckt, daß der jetzt mit U bezeichnete Stern im Cepheus seine Helligkeit verändert. Da er zu den hellen unter den teleskopischen Sternen gehört – er liegt mit seiner Helligkeit von $6^m.5$ nur wenig unterhalb der Empfindlichkeitsgrenze des unbewaffneten Auges –, bot er sich für eine einläßliche Untersuchung an wie nur wenige andere.

Der Helligkeitswechsel ist sehr regelmäßig und markant, indem im Minimum der Stern um 3 Größenklassen schwächer erscheint als im Maximum. Die Periode betrug 1881 2,49278 Tage und hat seither allmählich etwas zugenommen. Heute ist sie um 20 Sekunden länger als vor 90 Jahren. Was sich hinter der Helligkeitsvariation verbirgt, verrät die Lichtkurve. Die Helligkeit bleibt längere Zeit konstant, sinkt dann rasch auf ihren Minimalwert, verharrt kurze Zeit auf diesem und kehrt dann wieder rasch zur vollen Helligkeit zurück. Ab- und Zunahme erfolgen streng symmetrisch. Das ist die für einen Bedeckungsveränderlichen typische Lichtkurve, die dadurch entsteht, daß in einem Doppelsternsystem bei jedem Umlauf der schwächere Stern den helleren für kurze Zeit verdeckt. Da während des Minimums die Helligkeit konstant bleibt, handelt es sich um eine vollständige Bedeckung. Damit eine solche eintritt, muß der schwächere Stern größer sein als der hellere und zudem jener – von der Erde aus gesehen – frontal vor diesem vorbeiziehen. Diese zweite Bedingung ist sehr gut erfüllt, indem die Erde nur 4° außerhalb der Bahnebene des Doppelsternes steht. Eine halbe Umlaufperiode nach dem Helligkeitsminimum steht der Begleiter hinter dem Hauptstern und wird nun seinerseits von diesem bedeckt, allerdings nur partiell, da er von den beiden Komponenten den größeren Durchmesser hat. Zwischen den Hauptminima erscheinen deshalb in der Lichtkurve sekundäre Minima. Da diese zeitlich exakt zwischen den primären liegen, müssen die beiden Sterne kreisförmige Bahnen um ihren gemeinsamen Schwerpunkt beschreiben. Im Gegensatz zu den Hauptminima machen sich die sekundären in der Lichtkurve nur durch kleine Depressionen bemerkbar, denn der Begleiter ist viel weniger hell als der Hauptstern, und zudem findet nur eine teilweise Bedeckung statt. Von der gesamten Helligkeit entfallen im optischen Bereich 84%, im blauen Licht sogar 94% auf die Hauptkomponente. Diese ist von der Spektralklasse B mit einer Atmosphärentemperatur von 15000°, der Begleiter dagegen ein sonnenähnlicher Stern vom Typ G mit einer Temperatur von 6000°.

Das Spektrum zeigt nur die Komponente B, weil diese die viel schwächere Komponente G völlig überstrahlt. Die durch die Bahnbewegung verursachte periodische Linienverschiebung ergibt eine Umlaufgeschwindigkeit von 125 Kilometer pro Sekunde. Zusammen mit der bekannten Umlaufdauer erhält man für den Bahnradius der B-Komponente 4 Millionen Kilometer. Der Radius der Bahn der G-Komponente kann auf diese Weise nicht bestimmt werden, eben weil sie im Spektrum nicht erkennbar ist. Nur wenn die helle Komponente fast oder ganz bedeckt ist, läßt sich das Spektrum der schwächeren – bei entsprechend längerer Expositionszeit – aufnehmen. Während der totalen Bedeckung bewegen sich beide Sterne senkrecht zur Beobachtungsrichtung und erzeugen überhaupt keine Linienverschiebungen. Nur unmittelbar vor und nach der totalen Bedeckung – den extremsten Stellungen, in welchen das Spektrum der G-Komponente beobachtbar ist – besteht eine, allerdings nur kleine, Geschwindigkeit in Richtung zur Erde, welche eine entsprechend kleine Linienverschiebung bewirkt. Die Umlaufgeschwindigkeit der G-Komponente und damit ihr Bahnradius lassen sich deshalb nicht so genau messen, wie es wünschbar wäre. Der Bahnradius dürfte etwa 8 Millionen Kilometer betragen, also das Doppelte desjenigen der B-Komponente. Die Distanz zwischen den Mittelpunkten der beiden Sterne beläuft sich somit auf 12 Millionen Kilometer. Aus diesen geometrischen Daten und dem Schwerpunktsatz folgt, daß die Masse des B-Sternes doppelt so groß ist wie diejenige des G-Sternes. Wegen der erwähnten Unsicherheit könnte das Massenverhältnis sowohl etwas kleiner als auch etwas größer sein als 2, dürfte aber in den Grenzen zwischen 1,8 und 2,8 liegen.

Aus der Zeit, die verstreicht vom Beginn der Bedeckung, wenn sich die beiden Sternscheiben außen berühren, bis zur vollständigen Bedeckung, wenn sich die Scheiben von innen berühren, welche der Lichtkurve zu entnehmen ist, erhält man die Radien der beiden Sterne zu 2,1 Millionen Kilometer für den B-Stern und zu 3,5 Millionen für den G-Stern; sie sind somit drei- bzw. fünfmal größer als die Sonne. Nachdem wir den Abstand von Zentrum zu Zentrum zu 12 Millionen Kilometer gefunden haben, beträgt der Zwischenraum von Oberfläche zu Oberfläche somit 6,4 Millionen Kilometer. Die beiden Sterne stehen sich zwar nahe, berühren sich jedoch nicht. Auch dieses Resultat ist mit einer Unsicherheit behaftet, weil die Voraussetzung kugelförmiger Sterne nur eine Näherung ist. Sterne, die sich so nahe stehen, deformieren sich gegenseitig, indem sie in ihrer Verbindungsrichtung einen größeren Durchmesser besitzen als senkrecht dazu.

Soweit haben die Beobachtungen zwar interessante Einblicke in das System von U Cephei geboten, aber nichts Ungewöhnliches erkennen lassen. Es sind Tausende von andern, mehr oder weniger ähnlichen Bedeckungsveränderlichen bekannt. Immerhin ließ schon die Feststellung, daß in der kosmisch betrachtet kurzen Zeit von einem Jahrhundert die Umlaufperiode merkbar länger geworden ist, vermuten, daß sich dieses Doppelsternsystem in einer Phase rascher Entwicklung befindet. Nach dem dritten Keplerschen Gesetz ist das Verhältnis zwischen der dritten Potenz des Abstandes und dem Quadrat der Umlaufzeit konstant, jedenfalls solange die Gesamtmasse des Systems unverändert bleibt. Massenverlust wäre unter bestimmten Umständen, die aber bei U Cephei kaum vorliegen dürften, denkbar, doch wollen wir von dieser Möglichkeit absehen. Dann ist nach dem erwähnten Gesetz die Verlängerung der Periode zwangsläufig mit einer Vergrößerung des Abstandes verbunden. Der Abstand aber verändert sich, wenn sich die Verteilung der Gesamtmasse auf die beiden Sterne ändert, was der Fall ist, wenn Materie von dem einen zum andern strömt. Ein solcher Materienaustausch ist ein untrügliches Zeichen einer rasch verlaufenden Entwicklungsphase. Die kürzeste Umlaufperiode hätte das System, wenn seine Masse auf die beiden Sterne gleich verteilt wäre. Je ungleicher die Verteilung wird, um so mehr verlängert sich die Periode. Im jetzigen Entwicklungsstadium wird sich deshalb die bereits vorhandene Ungleichheit der Massenverteilung noch verstärken, indem der masseärmere Stern Materie abgibt und der massereichere diese auffängt. Es fließt somit ein Gasstrom vom G-Stern zum B-Stern. Damit die Periode in dem beobachteten Betrag zunimmt, muß der Gasstrom pro Jahr eine Menge transportieren, die etwa einem Millionstel der Sonnenmasse gleichkommt.

In den Spektren beider Sterne, besonders aber in demjenigen des B-Sterns, sind die Linien stark verbreitert, was auf eine schnelle Rotation schließen läßt. Eine solche dürfte mit größter Wahrscheinlichkeit um eine Achse erfolgen, welche senkrecht zur Bahnebene und damit senkrecht zur Blickrichtung steht. Dann bewegt sich der eine Rand des Sterns auf uns zu, der andere von uns weg, während sich die zentralen Teile der Sternscheibe senkrecht zur Beobachtungsrichtung bewegen und deshalb keine Linienverschiebung erzeugen. Mit zunehmendem Abstand von der Rotationsachse wird die Komponente der Rotationsgeschwindigkeit in Richtung zur Erde größer und damit auch die Linienverschiebung. Da man aber nicht das Licht der einzelnen Teile der Sternscheibe untersuchen kann, sondern nur das über die ganze Scheibe integrierte Licht, erhält man symmetrisch verbreiterte Linien. Der schwächere Stern, bei welchem allerdings die Rotationsverbreiterung nur ungenau bestimmbar ist, könnte synchron mit dem Umlauf rotieren und damit dem Hauptstern stets dieselbe Seite zukehren. Wahrscheinlicher ist aber, daß er langsamer rotiert. Weit stärkere und besser meßbare Rotationsverbreiterungen zeigt die hellere Komponente; sie sind durch eine Äquatorgeschwindigkeit von etwa 250 Kilometer pro Sekunde verursacht. Die Dauer der Rotation ist sicher beträchtlich kleiner als diejenige des Umlaufes. Bei U Cephei gibt es noch eine direkte Methode, die Äquatorgeschwindigkeit des Hauptsterns zu messen. Wenn die Bedeckung beginnt, wird zuerst der auf uns zukommende Rand des B-Sterns, also der die Blauverschiebung liefernde, unsichtbar, und unmittelbar vor Beginn der Totalität bleibt nur noch das Licht des von uns fliehenden Randes übrig, in dessen Spektrum die Linien sehr stark nach Rot verschoben sind, entspre

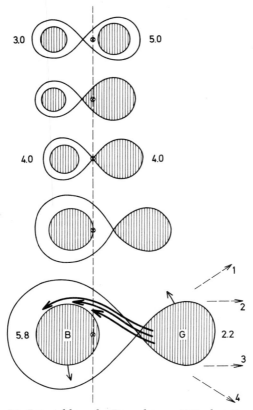

Die Entwicklung des Doppelsterns U Cephei. Von der ursprünglich massereicheren rechten Komponente strömt Materie zur linken, wodurch die Masse des einen Sterns von 5,0 auf 2,2 ab-, diejenige des andern von 3,0 auf 5,8 zunimmt. Das unterste Bild zeigt das System im gegenwärtigen Zustand. Der Schwerpunkt liegt stets auf der gestrichelt gezeichneten Vertikalen.

chend einer Äquatorgeschwindigkeit von etwa 300 Kilometer pro Sekunde. Kurz nach Ende der Totalität erhält man zunächst das Licht nur von der sich uns nähernden Seite des Sternes, dessen Spektrum eine der Äquatorgeschwindigkeit entsprechende Blauverschiebung aufweist.

110

Das sind die Fakten über die Geometrie und die Kinematik unseres Doppelsterns. Bei einem Massenverhältnis von 2,5 und der Gesamtmasse, die sich aus Umlaufzeit und Abstand zu 8 Sonnenmassen ergibt, entfallen auf die B-Komponente 5,7, auf die G-Komponente 2,3 Sonnenmassen. Masse und Radius des Hauptsternes, der ein später B-Stern ist, also gegen die Klasse A tendiert, entsprechen genau den Werten eines solchen, auf dem Hauptast liegenden Sternes (Abb. S. 15). Anomal dagegen ist der Begleiter; er besitzt den Spektraltyp der Sonne, übertrifft diese aber an Masse um das 2,3fache, nach Größe sogar um das 5fache. Ein Unterriese, der im Hertzsprung-Russel-Diagramm oberhalb des Hauptastes steht.

Die Helligkeitsvariation während eines Umlaufes zeigt unwiderlegbar, daß beide Komponenten Kreisbahnen beschreiben. Dann aber müßte die aus den Linienverschiebungen erhaltene Radialgeschwindigkeitskurve, also die Geschwindigkeitskomponente in der Visierrichtung, bezüglich des Hauptminimums symmetrisch verlaufen. Das aber ist nicht der Fall; die maximale Rotverschiebung entspricht einer Geschwindigkeit von 130 Kilometer pro Sekunde, die maximale Blauverschiebung jedoch einer solchen von nur 100 Kilometer pro Sekunde. Die Radialgeschwindigkeitskurve ist offensichtlich gestört, und zwar durch Gasmassen, welche sich zwischen den beiden Sternen und um diese herum bewegen. Durch diese Strömungen werden die Linienprofile vielfach verzerrt und gelegentlich verdoppelt. Damit sind wir, wie schon aus der Verlängerung der Umlaufzeit, jetzt aber aufgrund ganz anderer Beobachtungen, zu der Vorstellung gelangt, daß zwischen den beiden Sternen ein Massenaustausch in Form von Gasströmen stattfindet.

Wie U Cephei sich im Verlaufe der Zeit zu der heute beobachteten Konfiguration entwickelt hat, ist in einigen Stadien in der Abbildung auf S. 110 dargestellt. Vor etwa 100 Millionen Jahren hat das System aus einem Hauptstern mit der fünffachen und einem Begleiter mit der dreifachen Sonnenmasse bestanden. Die Umlaufzeit hat damals 1,23 Tage betragen. Der massereichere Hauptstern entwickelt sich rascher, bläht sich auf und füllt nach 50 Millionen Jahren die

Rochesche Grenzfläche aus. Darauf beginnt die Materie des Hauptsternes überzufließen und wird vom Begleiter aufgefangen. Dadurch nimmt die Masse von jenem ab, diejenige von diesem zu, wobei der Abstand der beiden Sterne sowie ihre Umlaufzeit kleiner werden, bis beide Massen gleich groß, Abstand und Umlaufzeit minimal geworden sind. In diesem Stadium dürfte der Massenaustausch in hunderttausend Jahren etwa eine Sonnenmasse betragen. Das Abströmen geht jedoch weiter, Abstand und Umlaufzeit nehmen wieder zu, und die ursprünglich masseärmere Komponente wird zum massereicheren B-Stern, die ursprünglich massereichere zum masseärmeren Unterriesen vom Typ G.

Wie das Gas, welches durch den Lagrangeschen Punkt hindurchströmt, in das Gravitationsfeld des Hauptsternes hineinfällt, ist im letzten, dem gegenwärtigen Entwicklungsstadium der Abbildung auf S. 110 in qualitativer Weise dargestellt. Die Materie strömt nicht direkt auf den Hauptstern zu, sondern fließt mit einer Geschwindigkeit, welche diejenige des Umlaufs erheblich übertrifft, auf spiraliger Bahn um diesen herum, ehe sie dessen Oberfläche erreicht. Dadurch wird einerseits um den B-Stern herum ein Gasring gebildet, vornehmlich in der Bahnebene des Systems, andererseits die Rotationsgeschwindigkeit dieses Sternes erhöht.

Nach diesem Bild liegt, von der Erde aus gesehen, der dichteste Teil des Gasstromes etwa vom Beginn der Verfinsterung des B-Sternes (1. Kontakt) bis zu seiner vollständigen Bedeckung (2. Kontakt) direkt vor dem Hauptstern. Die Absorption durch diesen Gasstrom erklärt, warum die Gesamthelligkeit unmittelbar vor der Totalität etwas kleiner ist als unmittelbar nachher. Der Gasstrom macht auch die Asymmetrie der Radialgeschwindigkeitskurve verständlich. Nach der Totalität (4. Kontakt) entspricht die Linienverschiebung der reinen Bahngeschwindigkeit des B-Sternes. Vor der Totalität dagegen (1. Kontakt) überlagert sich der durch die Bahnbewegung verursachten Rotverschiebung die noch stärkere, durch den Gasstrom bedingte. So erhält man ein reichlich detailliertes Modell von U Cephei, das auch weitere, hier unerwähnt gelassene spektroskopische Feinheiten zu erklären vermag.

Cygnus X 3

Die astronomischen Beobachtungen seit der Erfindung des Fernrohrs haben ein immer reichhaltigeres, deutlicheres und exakteres Bild vom gestirnten Himmel geliefert. Wir kennen dieses optische Bild von Himmelsphotographien, Sternkarten und Sternatlanten. Daneben ist seit Einführung der Radioastronomie um die Mitte des Jahrhunderts allmählich ein analoges Bild des Radiohimmels entstanden. Wieder andere Bilder haben die Strahlenarten geliefert, die von der Atmosphäre absorbiert werden und die deshalb nur von Raketen und Satelliten aus beobachtbar sind. So besteht heute unsere Information aus einem Röntgenbild des Himmels, einem Ultraviolettbild, dem optischen Bild, dem Infrarotbild und dem Radiobild. Nur zu einem kleinen Teil decken sich diese verschiedenen Aspekte. Die meisten optischen Objekte sind weder Röntgen- noch Radiosterne, und umgekehrt hat man am Ort von Radioquellen oft genug umsonst nach einem optischen Stern gesucht. Somit duplizieren sich die in verschiedenen Spektralbereichen erhaltenen Himmelsbilder nicht, sondern sie ergänzen sich.

Die Entdeckung von Röntgenquellen erfolgte in den sechziger Jahren mit Raketen, die mit einem Detektor für Röntgenstrahlen ausgerüstet waren. Einer der ersten Funde war Cygnus X 3, so benannt, weil die Quelle im Sternbild des Schwans (Cygnus) steht und im englischen Sprachbereich die Röntgenstrahlen X-Strahlen heißen. Vorerst konnte man diesen sowie andere «Röntgensterne» lediglich zur Kenntnis nehmen. Die Situation hat sich erst geändert, seit der Röntgensatellit UHURU eine kartographische Aufnahme des Röntgenhimmels vorgenommen, dabei eine Unmenge von Röntgenquellen entdeckt und überdies in regelmäßigen Intervallen auch Cyg X 3 immer wieder angepeilt hat. Dabei zeigte sich, daß seine Intensität im Rhythmus von 4,8 Stunden variiert. Dies kann am einfachsten gedeutet werden durch die Annahme eines Doppelsternes, wobei die die Röntgenstrahlung emittierende Komponente bei jedem Umlauf teilweise hinter der andern verschwindet. Optisch ließ sich das Objekt auch mit den leistungsfähigsten Instrumenten nicht nachweisen. Hingegen erwies es sich als eine Radioquelle, allerdings eher als eine schwache. Unter den Röntgenquellen aber ist Cyg X 3 der stärkste Radiostrahler. Als Besonderheit wurde noch bemerkt, daß die Intensität der Radioemission variiert, nicht mit der Umlaufperiode, sondern unregelmäßig im Laufe von Stunden zu- und abnimmt, wobei die Strahlung im Maximum etwa doppelt so stark ist als im Minimum.

Bis dahin ist die Geschichte von Cyg X 3 nicht aufregend, denn es waren schon andere Objekte bekannt, welche ein vergleichbares Verhalten zeigen. Da ist einmal die Röntgenquelle Scorpius X 1, außer der Sonne überhaupt die stärkste Röntgenquelle am ganzen Himmel, die zugleich auch eine Radioquelle ist, deren Intensität ähnlich derjenigen von Cyg X 3 variiert. Ein weiterer Fall ist der Radiostern Algol, ein dreifacher Stern in etwa 96 Lichtjahren Entfernung, bekannt durch seinen Lichtwechsel als Bedeckungsveränderlicher. Cyg X 3 war nicht interessant genug, um seine dauernde Überwachung zu rechtfertigen. Als Kontrollmessungen am 30. und 31. August 1972 zudem zeigten, daß die Radioemission schwächer war als je zuvor und die Röntgenstrahlung unter der Meßbarkeitsgrenze lag, blieb das Objekt darauf unbeobachtet und wäre wohl lange so geblieben, wenn es nicht durch einen Zufall plötzlich die Aufmerksamkeit der astronomischen Welt auf sich gezogen hätte.

Am 2. September 1972 hatte eine Gruppe kanadischer Radioastronomen, die mit dem 45-Meter-Radioteleskop in Algonquin Park arbeiteten, den schon erwähnten Algol auf ihr Beobachtungsprogramm gesetzt. Der Empfänger war auf die Wellenlänge 28,6 cm eingestellt. P. C. Gregory hatte seinen Dienst zu früh angetreten, Algol war noch nicht aufgegangen. Die Wartezeit hat er damit verbracht, einmal nachzusehen, ob sich auf Cyg X 3 etwas tut. Er war, als er die Antenne nach diesem Objekt gedreht hatte, nicht wenig erstaunt, daß dessen Intensität so enorm war, daß er die Empfindlichkeit drastisch reduzieren mußte, um sie überhaupt messen zu können. Die Überraschung war so groß, daß Zweifel an den Messungen aufkommen mußten und Gregory seine amerikanischen Kollegen am National Radio Astronomical Observatory in Green Bank aufforderte, die Beobachtung zu überprüfen. Die Intensität stieg weiter an, war 2000mal intensiver als 2 Tage zuvor und erreichte um 23^h45 Weltzeit ihr Maximum. Zu dieser Zeit war Cyg X 3 eine der stärksten Radioquellen am ganzen Himmel. Die Emission ging so schnell, wie sie gestiegen war, wieder zurück, erreichte aber um 6^h des 3. September ein zweites Maximum, das etwas niedriger war als das erste, worauf die Intensität in den folgenden Tagen stetig abnahm und bis zum 13. September auf das Niveau von vor dem Ausbruch abgeklungen war.

In wenigen Stunden waren die Observatorien in allen Erdteilen alarmiert, die Astronomen gingen ins Freie, um zu sehen, ob eine Supernova aufgeleuchtet sei, und auf Mt. Palomar wurden der 120-cm-Schmidt-Spiegel und das 5-m-Teleskop auf den Ort der Katastrophe gerichtet, aber Cyg X 3 war und bleibt optisch unsichtbar. Nun blieben die Radioteleskope dauernd auf dieses Objekt gerichtet, und auch die Röntgensatelliten erhielten Befehl, es nicht mehr aus der Sicht zu

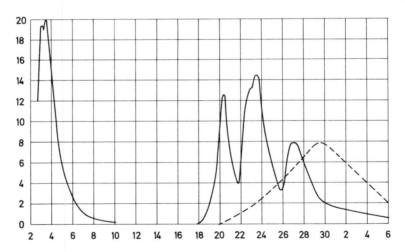

Der Intensitätsverlauf der Radioemission von Cygnus X 3 während der Strahlungsausbrüche im September 1972. Die ausgezogene Kurve bezieht sich auf die Wellenlänge von 3,7 cm, die gestrichelte auf diejenige von 82 cm.

116

lassen. Aber nichts Spektakuläres mehr hat sich ereignet. Schließlich ist die Ausdauer der Astronomen doch noch belohnt worden. Am 19. September stieg die Intensität erneut an, gefolgt von einem ersten Ausbruch am 20., einem zweiten am 23. und einem dritten am 27. September. Die Intensität der Röntgenstrahlung blieb während diesen Ausbrüchen unverändert, hingegen war sie am Tag vor demjenigen vom 2. September auf den doppelten Wert angestiegen.

Bei jedem neu entdeckten Objekt stellt sich als erstes die Frage nach seiner Entfernung. Das Sternbild Cygnus liegt in der Milchstraße, in einer Richtung, in der sich viel interstellare Materie in Form von Staub befindet, welche das Licht der dahinterstehenden Sterne je nach deren Entfernung weniger oder mehr schwächt oder vollständig absorbiert. Da das Objekt, obschon es während des Ausbruches von großer Leuchtkraft gewesen sein dürfte, optisch nicht sichtbar ist, muß für seine Entfernung mit vielen Tausenden von Lichtjahren gerechnet werden.

Die interstellare Materie besteht zur Hauptsache aus Wasserstoffgas. Dieses ist an der Extinktion des Lichtes nicht beteiligt, absorbiert hingegen bei der Wellenlänge 21,1 cm, also im Radiogebiet. Der Wasserstoff ist nicht gleichförmig zwischen den Sternen verteilt, sondern in einzelnen Bändern, den Spiralarmen, konzentriert. Diese Arme liegen wie auch Cyg X 3 in der Ebene der Milchstraße, so daß die Radiostrahlung unseres Objektes sukzessive alle zwischen ihm und uns liegenden Arme durchqueren muß. Es sind deren drei. Die nächste Ansammlung von Wasserstoff befindet sich in unserer unmittelbaren Umgebung und rotiert mit dem Bereich der Sonne um das Zentrum der Milchstraße. Der zweite Spiralarm liegt in einer Entfernung von 27 000, der dritte in einer solchen von 34 000 Lichtjahren. Auch diese Arme machen die galaktische Rotation mit, aber da sie vom Zentrum weiter entfernt sind als die Sonne, rotieren sie langsamer als unsere Umgebung, ähnlich wie im Sonnensystem die äußeren Planeten langsamer umlaufen als die inneren. Dadurch nähert sich die Wasserstoffwolke unserer Umgebung dem zweiten Arm mit einer Geschwindigkeit von 47, dem dritten mit einer solchen von 73 Kilometer pro Sekunde. Diese Relativbewegungen geben zu einem Doppler-Effekt Anlaß, der die Wasserstofflinie im Spektrum verschiebt. Von dem ersten Spiralarm, gegenüber welchem wir keine Relativbewegung besitzen, erhalten wir die unverschobene Linie, deren Frequenz 1420 Millionen Schwingungen pro Sekunde beträgt. Gegen diese Frequenz v_0 ist diejenige des zweiten Spiralarmes auf $v_1 = v_0 + 230000$, diejenige des dritten Armes auf $v_2 = v_0 + 350000$ erhöht. Anstelle von nur einer Linie findet man deshalb deren drei. Würde unsere Radioquelle zwischem dem ersten und zweiten Arm stehen, so könnte sich nur der erste auf die Absorption ihrer Strahlung auswirken; stände sie zwischen dem zweiten und dritten, würde sich auch der zweite Arm auswirken und schließlich auch der dritte, falls sie noch ferner wäre als dieser. Die Beobachtung zeigt die Absorptionen bei v_0 und v_1 sehr kräftig, diejenige bei v_2 jedoch nur schwach. Dies läßt die Vermutung zu, daß nur ein Teil des dritten Armes zur Wirksamkeit gelangt, die Quelle also nicht hinter, sondern in diesem liegt, also in einer Entfernung von rund 34000 Lichtjahren. In Richtung Cygnus führt diese Distanz bereits in die Randpartien unseres Milchstraßensystems.

Noch auf eine andere Art kann man zu einer Abschätzung der Entfernung von Cyg X 3 gelangen. Als am 23. September ein erneuter Strahlungsausbruch erfolgte, wurde versucht, den Durchmesser der Radioquelle zu bestimmen. Er ergab sich zu 1 bis 2 Hundertstelbogensekunden, wobei aber diesem Resultat zufolge der Kleinheit des zu messenden Winkels eine erhebliche Unsicherheit anhaftet. Nachdem der Winkeldurchmesser bekannt ist, ließe sich die Entfernung berechnen, falls auch der lineare Durchmesser, etwa in Lichtjahren ausgedrückt, bekannt wäre. Für diesen läßt sich durch eine sehr allgemeine Überlegung ein oberer Grenzwert angeben. Wir stellen uns einen Stern vor, der plötzlich sehr viel heller wird. Falls es sich um einen kleinen Stern handelt, vergleichbar etwa mit der Sonne, würden wir einen ebenso plötzlichen Helligkeitsanstieg wahrnehmen. Wenn aber das Objekt sehr ausgedehnt ist, etwa ein Lichtjahr im Durchmesser, würden

118

die Emissionen des ferneren Randes erst ein Jahr nach denjenigen des vorderen Randes eintreffen. Die Helligkeit würde somit nur ganz langsam ansteigen, und allfällige kurzzeitige Helligkeitsschwankungen kämen überhaupt nicht zur Beobachtung. Eine Lichtquelle, welche Helligkeitsschwankungen in der Dauer von etwa einem Jahr aufweist, kann nicht ausgedehnter sein als ein Lichtjahr, eine solche mit Schwankungen von der Dauer eines Monats nicht ausgedehnter als ein Lichtmonat. Da die Helligkeitsausbrüche von Cyg X 3 im Gebiet der Radiowellen eine Dauer von etwa einem Tag haben, kann die Radioquelle nicht größer als etwa ein Lichttag sein, also nicht größer als etwa 200 astronomische Einheiten. Zusammen mit dem erwähnten Winkeldurchmesser folgt daraus eine Entfernung von 160 000 Lichtjahren, die viel kleiner ist als die Distanz zu den nächsten außergalaktischen Sternsystemen. Dies ist ein oberer Grenzwert, denn der Durchmesser kann und wird vermutlich weit kleiner als ein Lichttag sein, und dann ergibt sich auch eine entsprechend kleinere Entfernung. Wichtig ist hier nur: Cyg X 3 gehört sicher nicht zu einem extragalaktischen, sondern zu unserem eigenen Sternsystem und steht wahrscheinlich nahe an seinem Rand.

Cyg X 3 ist 1973 auch als Infrarotstern entdeckt worden. In diesem Spektralbereich fluktuiert die Intensität zeitweilig sehr stark. Außerhalb solch aktiver Zeiten variiert sie mit der schon von der Röntgenstrahlung her bekannten Periode von 4,8 Tagen.

Das sind die Fakten über Cyg X 3, aus denen es gilt, sich eine Vorstellung zu machen, was sich dahinter verbirgt.

Der 4,8stündige Helligkeitswechsel der Röntgen- und Infrarotstrahlung findet in der Doppelsternnatur die plausibelste Erklärung. Die Erde steht nur wenig außerhalb der Ebene dieses Doppelsternsystems, so daß bei jedem Umlauf die aktive Komponente, von der die Röntgen- und Infrarotstrahlung ausgeht, teilweise von der inaktiven, die sich nur durch ihre Gravitation bemerkbar macht, verdeckt wird. Aus der kurzen Umlaufzeit folgt auch ein kleiner Abstand zwischen den beiden Komponenten, sofern deren Massen nicht ganz ungewöhnliche Werte besitzen. Die Separation dürfte höchstens einige Sonnenradien betragen, was bedeutet, daß die beiden Komponenten sich bis zur Berührung nahe stehen. Das besondere Verhalten dieses Doppelsternes muß aus seiner Entwicklungsgeschichte verstanden werden, die etwa folgendermaßen hat ablaufen können: Die anfänglichen Sterne besaßen, wie dies normalerweise der Fall ist, ungleiche Massen. Der massereichere hat sich schneller entwickelt, blähte sich gewaltig auf, wobei seine äußeren Teile seinen Anziehungsbereich verließen und in denjenigen der andern Komponente hinüberströmten. Dadurch ist der massereichere Stern zum masseärmeren, der masseärmere zum massereicheren geworden. Jener hat seine Entwicklung beendet und ist zu einem winzigen Stern von nur wenigen Kilometer Durchmesser, einem Neutronenstern, zusammengeschrumpft. Inzwischen hat die massereicher gewordene Komponente ihren Entwicklungsweg ebenfalls angetreten und befindet sich jetzt im Stadium des Riesen, von dem Materie über die Gravitationsgrenze hinaus abströmt und zum Teil auf den Neutronenstern stürzt. Wegen der Kleinheit dieses Sternes fällt die Materie sehr tief, gewinnt riesige Beträge an Gravitationsenergie, die beim Aufprall in Röntgenstrahlen umgewandelt wird wie in einer Röntgenröhre die kinetische Energie der auf hohe Geschwindigkeiten beschleunigten Elektronen beim Aufprall auf die Antikathode. Durch das Auffangen von Materie nimmt die Masse des Neutronensternes wieder zu, der Kollaps kann weitergehen, vielleicht bis zu einem «schwarzen Loch», an dessen Oberfläche die Gravitation so stark ist, daß keinerlei Strahlung mehr den Stern verlassen kann.

Die gewaltigen Strahlungsausbrüche im Radiogebiet sind selbst für ein so eigenartiges Objekt wie Cyg X 3 ungewöhnlich. Die bei einem solchen Ereignis ausgestoßene Masse ist zwar hunderttausendmal kleiner als die Masse der Erde, die darin enthaltene Energie aber so groß wie die von der Sonne in hundert Jahren emittierte. Bei der schnellen Entwicklung dieses Doppelsterns werden gelegentlich instabile Konfigurationen erreicht, die dann plötzlich unter Abgabe von gewaltigen gespeicherten Energiemengen in stabile übergehen. In dem mit der Materie ausgestoßenen Magnetfeld bewegen sich die energiereichen Elektronen auf Spiralbahnen und emittieren dabei die Radiostrahlung, durch welche ein solches Ereignis so viel Aufsehen verursacht. Vielleicht ist der Radiohimmel gespickt mit derartigen Sternen, die von Zeit zu Zeit von einem Betriebsunfall oder einem Sternbeben heimgesucht werden und dann als Radiosterne aufblitzen. Aber es braucht Glück und Ausdauer, um Zeuge einer solchen kosmischen Katastrophe zu werden.

Hercules X 1

Im Dezember 1970 ist von einem Punkt des Erdäquators in Kenia ein amerikanischer Satellit auf die Reise geschickt worden. Da es am nationalen Unabhängigkeitstag war, erhielt er den Namen UHURU, was auf suahelisch Freiheit bedeutet. Schon Jahre früher wurden bei Raketen- und Ballonaufstiegen einige «Röntgensterne» entdeckt, Gebiete am Himmel, aus denen uns Röntgenstrahlen erreichen. Es war zu vermuten, daß eine systematische und vollständige Absuchung des Himmels die Entdeckung einer großen Zahl solcher Objekte bringen würde. Zu diesem Zweck ist UHURU instrumentiert worden. Er wurde zu einem der erfolgreichsten Satelliten. In kurzer Zeit hat er den Röntgenhimmel kartographiert, mehrere hundert Röntgensterne entdeckt und von den interessanteren die Intensität ihrer Strahlung immer wieder gemessen. Die meisten dieser Quellen finden sich in der Nähe des galaktischen Äquators und verraten dadurch ihre Zugehörigkeit zum Milchstraßensystem; andere zeigen keine Beziehung zu diesem System und dürften deshalb extragalaktischer Natur sein. Einige davon konnten tatsächlich mit optisch beobachteten Galaxien identifiziert werden, wobei es sich immer um solche handelt, die bereits durch besondere Aktivität aufgefallen waren.

Zu den interessantesten Röntgensternen zählen diejenigen, deren Intensität variabel ist, und dazu gehört Hercules X 1, die Röntgenquelle Nr. 1 im Sternbild Hercules. Wilhelm Röntgen hat von X-Strahlen gesprochen, eine Bezeichnung, die sich im englischen Sprachbereich erhalten hat, weshalb die Röntgenquellen durch ein X als solche gekennzeichnet werden.

Schon nach einem Jahr waren die wesentlichen Daten über die Variation der Röntgenstrahlung von Her X 1 bekannt. Die Intensität unterliegt drei verschiedenen, nebeneinander herlaufenden Perioden. Die kürzeste beträgt nur 1,24 Sekunden, die nächste 1,70017 Tage und die längste etwa 35 Tage. Daneben wären noch viele Einzelheiten erwähnenswert, auf die wir zurückkommen, wenn wir versuchen werden, uns ein Bild von den Vorgängen zu machen, die sich hinter diesen Perioden verstecken.

Vorerst aber beschäftigen wir uns mit der Frage nach der optischen Identifikation, denn es wäre schon viel Vorarbeit geleistet, würde es gelingen, Her X 1 auch im optischen Bild aufzufinden. Diesem Unterfangen stand entgegen, daß anfänglich die Position der Röntgenquelle nur ungenau bekannt war. In dem in Betracht kommenden Gebiet zeigen Himmelsphotographien so viele Sterne, daß es unmöglich war zu sagen, welcher von ihnen – wenn überhaupt einer – der Röntgenstern ist. Mit der Verbesserung der Koordinaten wurde jenes Gebiet immer weiter eingeengt, bis schließlich nur noch ganz wenige Sterne als Kandidaten für die Identifizierung in Frage kamen. Der Verdacht fiel auf einen schwachen Stern von etwa 14. Größe, weil dessen Helligkeit in unregelmäßiger Weise zu schwanken schien. Dieser unscheinbare Stern trägt die Bezeichnung HZ Herculis. Der Verdacht war gerechtfertigt: HZ Herculis ist Her X 1.

Auf der Sternwarte Sonneberg in Thüringen wurde und wird noch heute der Himmel nach veränderlichen Sternen überwacht. Dazu werden die einzelnen Sternfelder in regelmäßigen Intervallen immer wieder photographiert. Bei der Vergleichung zweier Aufnahmen desselben Feldes fallen Objekte, die in der Zwischenzeit ihre Helligkeit verändert haben, sofort auf. Ist ein solcher «Veränderlicher» gefunden worden – ihre Zahl ist sehr groß –, müssen Aufnahmen in kürzeren Intervallen gemacht werden, um feststellen zu können, ob die Helligkeitsvariationen unregelmäßig oder regelmäßig erfolgen und in diesem Fall mit welcher Periode. Immer wieder kamen aus Sonneberg Listen von neu aufgefundenen Veränderlichen. Auf einer solchen, am 16. Februar 1936 von Cuno Hoffmeister herausgegebenen Liste von 604 Veränderlichen figuriert ein Stern mit der vorläufigen Nummer 142.1936 im Sternbild Hercules. Eine Periode konnte für den Lichtwechsel nicht gefunden werden, was aber einen periodischen Wechsel nicht ausschließt, denn die Aufnahmen waren über ein längeres Intervall verteilt, nicht mehr als eine Aufnahme pro Nacht. Kurzperiodische Schwankungen werden mit dieser Methode nur schwerlich entdeckt. Deshalb hat Hoffmeister 1939 den Stern in 32 Nächten visuell überwacht

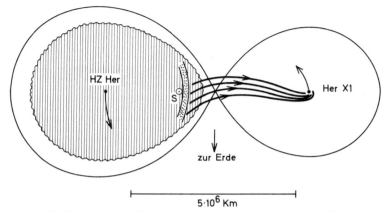

Links schraffiert die optische Komponente HZ Her, von welcher über den Librationspunkt Materie auf den Röntgenstern Her X 1 stürzt.

mit dem enttäuschenden Resultat, daß er überhaupt keine Helligkeitsänderungen aufwies, was durch photographische Aufnahmen bestätigt wurde. Es handelt sich offenbar um einen Stern, bei dem Zeiten mit Variabilität auf solche von Stillstand miteinander abwechseln. Damit war auch kein Grund mehr, nach einer Periode zu suchen. Überwachungsaufnahmen werden an vielen Sternwarten durchgeführt. Für das in Frage stehende Sternbild gibt es solche auch am Harvard-Observatorium in Cambridge (USA). Danach war der Stern von 1945 bis 1948 in einer aktiven Phase mit Helligkeitsschwankungen bis zu 2 Größenklassen, von 1949 bis 1956 dagegen wieder im Helligkeitsstillstand.

Dem Objekt, das inzwischen die definitive Bezeichnung HZ Herculis erhalten hatte, wurde erst wieder Beachtung geschenkt, als es im Verdacht stand, der Röntgenstern im Herkules zu sein. Sorgfältige photoelektrische Messungen im Sommer 1972 ergaben einen Lichtwechsel mit einer Periode von 1,70017 Tagen, in völliger Übereinstimmung mit der Röntgenperiode. Damit war die Identität gesichert.

Die Veränderlichkeit in der Röntgenstrahlung besteht darin, daß ihre Intensität jeweils während 35 Stunden mehr oder

126

weniger konstant bleibt und dann 5 Stunden völlig verschwindet. Dieses Verhalten kann am besten gedeutet werden, wenn das Objekt ein Doppelstern ist, bestehend aus einem großen optischen Stern und einem kleinen Röntgenstern. Wenn die Erde in oder sehr nahe der Ebene dieses Doppelsternsystems liegt, wird bei jedem Umlauf der Röntgenstern hinter dem optischen verschwinden. Das Abbrechen der Röntgenstrahlung und ihr Wiedererscheinen erfolgen so abrupt, daß der Röntgenstern sehr klein sein muß, sozusagen punktförmig, im Vergleich zur optischen Komponente.

Die mit großer Amplitude auftretende sehr kurze Periode von nur 1,24 Sekunden hätte, wäre sie zehn Jahre früher entdeckt worden, höchstes Erstaunen ausgelöst. Seit 1967 kennt man aber eine große Zahl von sogenannten Pulsaren, Objekte, welche Pulse von Radiowellen emittieren, die sich in Intervallen von etwa einer Sekunde folgen. Hier handelt es sich allerdings um Pulse von Röntgenstrahlen. Es gibt aber unter den Pulsaren auch solche, welche simultan Pulse von Radiowellen, optischem Licht und Röntgenstrahlen emittieren. Es ist deshalb kaum daran zu zweifeln, daß Her X 1 ein Pulsar ist. Bei diesen erfolgt die Abstrahlung nur in einem begrenzten Sektor und erreicht uns nur, wenn dieser bei jeder Umdrehung einmal über die Erde wegstreicht, ganz ähnlich einem rotierenden Scheinwerfer eines Leuchtturmes, von dem wir bei jeder Umdrehung einen Lichtblitz erhalten. Die Periode von 1,24 Sekunden ist somit die Rotationsdauer des Röntgensternes. Erneut kommen wir zum Schluß, daß dieser sehr klein sein muß, nur einige Kilometer im Durchmesser, denn sonst würde er bei dieser rasanten Rotation auseinandergerissen. Die Periode von 1,24 Sekunden entspricht somit im System Sonne–Erde der Rotationsdauer der Erde, diejenige von 1,7 Tagen ihrer Umlaufsdauer.

Das Pulsintervall beträgt nur im Mittel 1,24 Sekunden und nimmt periodisch, nämlich mit der Periode von 1,7 Tagen, um kleine Beträge zu und ab. Wenn sich der Pulsar von uns entfernt, hat jeder folgende Puls einen längeren Weg zurückzulegen, und das Intervall wird länger. Wenn er sich uns wieder nähert, erreichen uns die Pulse in kürzeren Abständen.

Die Verspätung des Eintreffens eines Pulses, wenn der Pulsar uns am fernsten ist gegenüber seiner kleinsten Entfernung, ist die Zeit, die das Licht benötigt, um den Durchmesser der Umlaufbahn zurückzulegen. Der Radius dieser Bahn ist etwa sechsmal größer als der Radius der Sonne und die Geschwindigkeit in der Bahn etwa 170 Kilometer pro Sekunde.

Ein entsprechendes Phänomen ist schon vor 300 Jahren an den Verfinsterungen der Jupitermonde beobachtet worden. Diese treten, streng periodisch, bei jedem Umlauf einmal in den Schatten des Planeten. Wenn die Erde auf ihrer Umlaufbahn sich auf Jupiter zu bewegt, erscheint die Periode verkürzt, wenn sie sich von ihm weg bewegt, verlängert. Die Differenz zwischen der maximalen Verspätung und der maximalen Verfrühung des Eintrittes einer Finsternis ist die Zeit, welche das Licht braucht, um den 300 Millionen Kilometer betragenden Durchmesser der Erdbahn zu durchlaufen. Damals hat man diese Zeitdifferenz benutzt, um die Lichtgeschwindigkeit zu bestimmen, in unserem Falle jedoch, um bei bekannter Lichtgeschwindigkeit den Durchmesser der Bahn des Röntgensternes zu erhalten.

Bei Her X 1 handelt es sich somit um ein Doppelsternsystem, bei welchem die Komponenten ungewöhnlich eng beisammenstehen. Aus der Bedeckungszeit des Pulsars folgt für den Hauptstern ein Radius, der dreieinhalbmal größer ist als derjenige der Sonne. Das dritte Keplersche Gesetz stellt eine Beziehung her zwischen dem Abstand der beiden Komponenten und deren Umlaufzeit einerseits und der Masse des Systems andererseits. Nachdem jene bekannt sind, ergibt sich diese zu 3,3 Sonnenmassen. Wie sich diese Gesamtmasse auf die einzelnen Komponenten verteilt, ist allerdings nicht bekannt. Hier ist man – wenigstens vorläufig – noch auf Vermutungen angewiesen. Nach allem, was wir über die Entwicklung der Sterne in Abhängigkeit von ihrer Masse wissen, dürfte diese beim Röntgenstern etwa 1,2 betragen, dementsprechend beim optischen Stern 2,1.

Ein besonderes Problem stellt die Erklärung für den Befund, daß die optische Helligkeit mit genau derselben Periode von 1,7 Tagen variiert wie die Röntgenstrahlung. Dabei stammt jene von der Hauptkomponente, diese vom Röntgenstern. Die optische Variation ist beträchtlich, liefert uns der Stern doch im Helligkeitsmaximum dreimal mehr Licht als im Minimum. Bei engen Sternpaaren findet man um so häufiger, je näher sich die Sterne stehen, eine gebundene Rotation, was bedeutet, daß die Rotationsdauer gleich groß ist wie die Umlaufzeit. Einen solchen Fall stellt auch unser Mond dar, weshalb er der Erde stets dieselbe Seite zukehrt. Bei einer gebundenen Rotation ist die Übereinstimmung der Periode der Helligkeitsänderung mit derjenigen des Umlaufes zu erwarten, wenn die dem Röntgenstern zugekehrte Seite heller ist als die von ihm abgewandte. Dies ist sehr plausibel, denn die intensive Röntgenstrahlung wird in der Atmosphäre des optischen Sternes absorbiert, heizt diese auf und läßt sie deshalb heller erstrahlen als auf der vom Röntgenstern abgewandten Seite. Dies gilt auch bei nichtgebundener Rotation. Im einen Fall bleibt die aufgeheizte Region an derselben Stelle, im andern läuft sie mit der Röntgenquelle um den Hauptstern. Das Maximum der optischen Helligkeit tritt ein, wenn der Röntgenstern vor, das Minimum, wenn er hinter dem Hauptstern steht. Vom Maximum nimmt die Helligkeit allmählich ab in dem Maße, wie die heiße Hemisphäre auf die Rückseite und gleichzeitig die kühle auf die Vorderseite wandert. Die Röntgenstrahlung dagegen ändert sich plötzlich. Sie ist jeweils in voller Intensität vorhanden, solange der Röntgenstern unbedeckt ist, und verschwindet momentan vollständig, wenn er hinter den Hauptstern tritt.

Der Hauptstern hat sich zufolge seiner größeren Masse rasch entwickelt und befindet sich im Stadium des Aufblähens. Dabei strömt Materie, die seinen Gravitationsbereich überschreitet, in denjenigen des Begleiters. Da dieser sehr klein ist, erreicht die einstürzende Materie eine hohe Energie, die beim Aufprall auf die Sternoberfläche in Röntgenstrahlen umgewandelt wird.

Es bleibt noch die schon kurz erwähnte Periode von 35 Tagen. Der beschriebene Wechsel in der Intensität des Lichtes und der Röntgenstrahlung vollzieht sich jeweils nur während etwa 12 Tagen. Darauf bleibt für die folgenden 23 Tage die

Röntgenstrahlung aus, während die optische Helligkeitsvariation im früheren Rhythmus unverändert weitergeht. Es muß deshalb ein Mechanismus am Werk sein, der periodisch entweder die Röntgenstrahlung abschaltet oder zumindest von der Erde abhält. Man hat dabei unter anderem auch an einen sich selbst regulierenden Prozeß in der Form eines intermittierenden oder allenfalls modulierten Überfließens von Materie gedacht. Wenn dieses Überströmen vom Hauptstern zum Begleiter stärker wird, steigt auch die Intensität der Röntgenstrahlung und damit auch ihr auf die hereinstürzende Materie ausgeübter Druck. Dadurch wird der Materiefluß gestoppt, und als Folge davon bleibt die Röntgenstrahlung aus. Aber damit verschwindet auch der Strahlungsdruck, der Materiefluß kommt erneut in Gang, und mit ihm erscheint die Röntgenstrahlung, deren Druck das Ventil wieder schließt. Ein solcher sich selbst regulierender Mechanismus könnte sowohl zum Stillstand kommen als auch erneut angefacht werden, was verständlich machen würde, daß längere Intervalle von Stillstand und Variabilität, wie sie im optischen Bereich beobachtet worden sind, miteinander abwechseln. Gegen diese Vorstellung spricht allerdings die Beobachtung, daß jeweils in den 23 Tagen, in denen die Röntgenstrahlung ausbleibt, die 1,7tägige Helligkeitsvariation weiterläuft.

Den wirklichen Verhältnissen kommt eine Vorstellung näher, bei welcher die Röntgenstrahlung zwar dauernd emittiert wird, aber zu gewissen Zeiten die Erde nicht trifft. Wir erinnern daran, daß die 1,24-Sekunden-Periode als Rotationsperiode des Röntgensternes gedeutet wird unter der Vorstellung, daß dieser wie ein Scheinwerfer im wesentlichen nur in eine Richtung strahlt. Es ist ein Glücksfall, wenn der Strahl wie bei Her X 1 und anderen Pulsaren gerade über die Erde hinwegfegt. Würde die Rotationsachse senkrecht zur Ebene des Umlaufes stehen, könnte sie und damit das Pulsarphänomen stationär bleiben. Wenn sie jedoch schief steht, wird sie ihre Richtung fortlaufend ändern, indem sie einen Kegel beschreibt, dessen Achse senkrecht zur Bahnebene steht. Diese Erscheinung kennt man bei der Erde als Präzession, die darin besteht, daß die um 23½ Grad gegen die Ebene der Erdbahn

130

geneigte Rotationsachse sich in 26000 Jahren um die Senkrechte zur Erdbahn dreht. Bei der Präzession der Achse des Pulsars wird sein Scheinwerfer allmählich verschiedene Bereiche des Himmels überstreichen. Dabei kann es vorkommen, daß die Erde periodisch aus dem Bereich des Röntgenstrahls herauskommt oder, anders ausgedrückt, daß sein Bereich zweimal bei jedem Umlauf die Erde erfaßt. Die Präzessionperiode würde demnach 70 Tage betragen. Dieselbe Erscheinung bewirkt auch, daß der Röntgenstrahl fortlaufend andere Stellen des Hauptsternes überstreicht. Da aber dieser vom Pulsar aus gesehen einen großen Teil des Himmels bedeckt, wird der Strahl auch unter der Präzession seine Scheibe nicht verfehlen. Deshalb wird die optische Helligkeitsvariation auch dann fortbestehen, wenn die Röntgenstrahlung die Erde nicht erreicht.

Die Präzessionshypothese hat neuerdings durch Beobachtungen an Emissionslinien von Helium eine starke Stütze erhalten. Diese Linien entstehen in den äußeren Schichten des Hauptsternes und werden durch die Röntgenstrahlung des Begleiters induziert. Bemerkenswerterweise tritt diese Linienemission – wenigstens teilweise – in Form von Pulsen auf mit der Frequenz der Röntgenpulse und simultan mit diesen. Da die gepulste Strahlung auch zu Zeiten auftritt, da die Erde keine Röntgenstrahlung empfängt, kommt man zum Schluß, daß auch zu diesen Zeiten die Röntgenstrahlung vorhanden ist, jedoch die Erde nicht trifft.

Was schließlich die längeren Perioden des Stillstandes betrifft, wie sie in früheren Jahren aufgetreten sind, worüber allerdings nur optische Beobachtungen vorliegen, könnte ein zeitweiliges Aussetzen des Überströmens vom Hauptstern zum Begleiter am ehesten eine Erklärung bringen. Wenn wieder einmal ein solcher Stillstand eintritt, werden wir von diesem rätselhaften Objekt mehr wissen und wohl auch mehr verstehen.

CP 1919

Der sicherste Weg, etwas Neues zu entdecken, ist der Einsatz neuer Methoden. Darin hat auch die Radioastronomie nicht enttäuscht, deren Resultate hinter denen der Raumforschung kaum ~zurückstehen. Eine Entdeckung im eigentlichsten Sinne, die Auffindung einer völlig neuen Klasse von Himmelskörpern mit gänzlich unvorhergesehenen Eigenschaften, gelang im Sommer 1967 am Radio-Observatorium Cambridge (England) zufällig bei Beobachtungsprogrammen, welche einem ganz andern Zweck dienten. Das damals neu in Betrieb genommene Radioteleskop zeichnet sich durch großes flächenmäßiges und, was für die Entdeckung entscheidend war, großes zeitliches Auflösungsvermögen aus.

Die Registrierungen sahen vielfach aus wie das Blatt einer Säge: einzelne Strahlungsstöße, welche sich in Abständen von 1,3 Sekunden wiederholten. Diese Struktur ist von einer Laborantin, welcher die Durchsicht der Registrierungen anvertraut worden war, entdeckt worden. Zunächst war das Interesse an diesen Radiopulsen gering, da sie für eine der zahlreichen irdischen Störungen, mit denen die Radioastronomie dauernd konfrontiert ist, gehalten wurden. Auf diese Art konnte aber das Problem nicht lange auf die Seite geschoben werden, denn es zeigte sich bald, daß die Pulsperiode auf eine Millionstelsekunde genau konstant bleibt, was keine irdische Maschine leistet, außer einer Atomuhr. Nachdem noch erkannt worden war, daß die Pulse immer nur dann beobachtet wurden, wenn das Radioteleskop auf eine bestimmte Stelle des Himmels gerichtet war, konnten kaum mehr Zweifel an ihrer extraterrestrischen Herkunft bestehen. Wo kommen sie her? Aus unserer näheren Umgebung, aus dem Sternsystem, von weiter her? Oder sind es Zeichen von intelligenten Wesen aus großer Ferne?

Erst im Februar 1968, als durch weitere Beobachtungen die kosmische Herkunft der gepulsten Radiostrahlung gesichert war, hat die unter A. Hewish stehende Arbeitsgruppe die Entdeckung bekanntgegeben. Das Objekt trägt seither die Bezeichnung CP 1919 (Cambridge Pulsar bei der Rektaszension 19^h19^m). Anfänglich waren die Positionsbestimmungen noch ungenau, so daß sich nur sagen ließ, daß die Richtungsänderung zum Pulsar, bedingt durch die jährliche Bewegung der Erde, kleiner als 2 Bogenminuten ist, woraus sich eine minimale Entfernung von tausend astronomischen Einheiten ergibt. Der Pulsar steht also außerhalb des Planetensystems, vermutlich in Sterndistanzen. Dies wird durch die Dispersion der Ankunftszeiten der Pulse bestätigt. Wäre der Raum zwischen dem Pulsar und der Erde völlig leer, würden die Pulse, gleichgültig auf welcher Wellenlänge sie registriert werden, gleichzeitig eintreffen. Die längeren Wellen kommen aber später an als die kürzeren; die Verzögerung ist durch die Elektronen längs des Ausbreitungsweges verursacht und proportional dem Produkt aus der Elektronendichte und dem Abstand. Leider ist diese Methode für eine zuverlässige Distanzbestimmung nicht brauchbar, da die Elektronendichte in einer im einzelnen nicht bekannten Art örtlich stark schwankt. Immerhin dürfte die Distanz in der Größenordnung von etwa ein- bis zweitausend Lichtjahren liegen.

Die anfängliche Zurückhaltung der Entdecker stammte zum Teil aus der Beobachtung, daß die Pulse an einzelnen Tagen ganz verschieden stark sind, an andern überhaupt ausbleiben. Im Laufe von Monaten wechseln ruhige und aktive Perioden ab, wobei aber mitten in einer aktiven die Pulse ebenfalls tagweise ausbleiben können. Die fortgesetzten Beobachtungen haben bald gezeigt, daß sich die Pulsperiode jahreszeitlich ändert, kleiner ist, wenn die Erde sich auf den Pulsar zu bewegt, größer, wenn sie sich ein halbes Jahr später von ihm entfernt. Diese Variationen gehen vollständig zu Lasten der Erdbewegung. Davon abgesehen ändert sich die Pulsperiode fortschreitend, allerdings nur sehr langsam. Diese Änderung, der zufolge die Periode von CP 1919 sich pro Tag um eine Zehnmilliardstelsekunde verlängert, konnte überhaupt nur entdeckt werden, weil die Pulsperiode so ungewöhnlich genau meßbar ist.

Der Strahlungspuls, der sich jeweils nach 1,3372795 Sekunden wiederholt, dauert nur 50 Millisekunden; dazwischen ist der Pulsar still. Registrierungen mit hoher Zeitauflösung zeigen eine Feinstruktur der Pulse: der größere Hauptpuls wird nach etwa 20 Millisekunden von einem Nebenpuls gefolgt. Wenn auch die Pulsform starken Veränderungen und Verzerrungen unterliegt, erhält man immer dasselbe Profil, wenn man über längere Intervalle mittelt.

Die sensationelle Entdeckung von CP 1919 hat überall auf der Erde, wo geeignete Instrumente zur Verfügung standen, eine fieberhafte Jagd nach weiteren Pulsaren ausgelöst, und der Erfolg ist nicht ausgeblieben. Schon ein Jahr später waren einige Dutzend dieser neuartigen Objekte bekannt, heute sind es schon weit über hundert. Das Interesse galt nun nicht mehr so sehr einem Einzelobjekt, sondern den Eigenschaften der Pulsare im allgemeinen und ihrer physikalischen Interpretation.

Jeder Pulsar hat eine für ihn charakteristische Periode, die zwischen $^1/_{30}$ und 4 Sekunden liegt. Je kürzer die Periode, um so kürzer auch die Dauer der Pulse. Auch die Pulsform, die wie bei CP 1919 in den meisten Fällen aus einem Doppelpuls besteht, ist ein Signet, an welchem eindeutig zu erkennen ist, um welchen Pulsar es sich handelt. Nachdem schon so viele dieser Objekte bekannt sind, kann man versuchen, mit ihnen Statistik zu betreiben. Die sehr starke Konzentration auf niedrige galaktische Breiten beweist, daß es sich um Objekte unseres Milchstraßensystems handelt und offensichtlich nicht einmal um seltene. Es müssen aber günstige Umstände zusammenwirken, insbesondere hohe Intensität und geeignete Orientierung im Raum, damit der Pulsar überhaupt entdeckt werden kann. Dementsprechend ist die Abschätzung der Gesamtzahl der Pulsare recht unsicher; sie dürfte für das ganze Milchstraßensystem bei etwa einer Million liegen.

Sobald von den Pulsaren auch nur einigermaßen genaue Positionen bekannt wurden, ist nach ihrem allfälligen optischen Gegenstück gesucht worden, zunächst aber bei allen ohne Erfolg, obschon die Suche bis zu den schwächsten nachweisbaren Objekten ausgedehnt worden war. Wie im optischen, entzogen sich die Pulsare auch im Röntgenbereich dem Zugriff.

Dann aber gelang Anfang 1969 gleichzeitig an drei Observatorien der optische Nachweis des Pulsars NP 0532. Es handelt

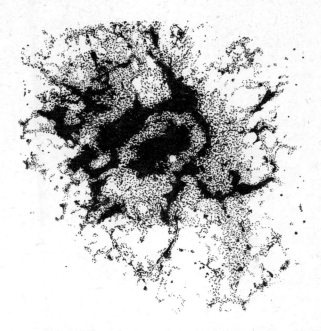

Der Krabbennebel nach einer im roten Licht aufgenommenen Photographie (Negativ). Die Lage des von der Sternexplosion des Jahres 1054 übriggebliebenen Pulsars ist durch einen weißen Punkt markiert.

sich um den Zentralstern eines schon lange bekannten Gasnebels, seiner Form wegen Krabbennebel genannt. Diese Identifikation ist für die Pulsarforschung richtungweisend geworden. Jener Stern ist bis heute der einzige bekannte optische Pulsar geblieben. Was für die Entzifferung der Hieroglyphen der Stein von Rosette war, ist für die Enträtselung der Pulsare der Krabbennebel. Seine Position ist in dem Sternkärtchen am Anfang des Kapitels mit einem Kreuz markiert. Er steht zwischen den Sternbildern Orion (unten) und Fuhrmann (oben), etwa 1 Grad nordwestlich von ζ Tauri.

Von diesem kleinen Nebel, der in dem von Messier 1771 herausgegebenen Katalog die Nummer 1 trägt und am Himmel als Scheibchen erscheint, dessen Durchmesser fünfmal kleiner ist als derjenige des Mondes, kennt man die Entstehungsgeschichte, was nur bei wenigen astronomischen Objekten der Fall ist.

In den chinesischen Sung-shih-Annalen findet sich der folgende bemerkenswerte Bericht: «Im ersten Jahr der Periode Chih-ho (A.D. 1054), im 5. Monat am Tag chi-chou (4. Juli) ist in der Nähe des Sterns Tien-Kuan (ζ Tauri) ein ‚Gast-Stern' aufgetreten; mehr als ein Jahr später wurde er unsichtbar.» Anfänglich war er heller als irgendein anderer Stern, auch heller als Venus im größten Glanz und sogar sichtbar, während die Sonne am Himmel stand. Ein derartiger Helligkeitsausbruch eines vorher nicht gesehenen Sternes, eine Supernova, ereignet sich in unserem Sternsystem nur etwa einmal in jedem Jahrhundert. Weitere solche Sternexplosionen sind uns aus den Jahren 1006, 1181, 1572 und 1604 überliefert. Die Position des Gaststernes von 1054 ist aus der Bemerkung «nahe bei Tien-Kuan» nicht genau genug auszumachen, aber alles deutet mit an Sicherheit grenzender Wahrscheinlichkeit darauf, daß der Krabbennebel ein Relikt der Sternexplosion des Jahres 1054 ist. Dieser Nebel befindet sich in starker Expansion, indem sein Durchmesser ständig zunimmt, etwa um 0,2″ pro Jahr. Die 900 Jahre seit seiner Entstehung haben gerade ausgereicht, den Nebel zu seiner heutigen Größe zu entwickeln. Aus der Blauverschiebung der Emissionslinien im Spektrum der auf uns zukommenden Gase ergibt sich die Expansionsgeschwindigkeit zu 1300 Kilometer pro Sekunde. Falls die Expansion in allen Richtungen mit dieser Geschwindigkeit erfolgt, muß der Nebel in einer Entfernung von 4000 Lichtjahren stehen, damit sein Durchmesser mit der angegebenen Rate anwächst. Der Krabbennebel war das erste optische Objekt, mit dem eine Radioquelle identifiziert werden konnte. Er und sein Zentralstern, der Überrest der Sternexplosion, haben noch manche Überraschung gebracht. Nicht nur strahlt er im optischen und radiofrequenten Bereich, sondern er ist zugleich auch eine Röntgenquelle. Nach der Entdeckung der Pulsare konnte es nicht ausbleiben, daß alle intensiven Radioquellen, und dazu gehört auch die Quelle Taurus A, die mit der Ex-Supernova identifiziert worden war, auf allfällige Pulsationen untersucht wurden. Tatsächlich erwies sich der Zentralstern als ein Pulsar und sogar von ganz besonderer Art, indem seine Pulsperiode mit 33 Millisekunden weit kleiner ist als bei irgendeinem andern Pulsar. Nachdem die Periode bekannt war, konnte auch im optischen Gebiet nach Pulsationen gesucht werden. Um den immerhin schwachen Stern auf die Platte zu bekommen, sind Expositionszeiten von einigen Minuten notwendig, bei welchen von allfälligen kurzen Pulsationen natürlich nichts zu bemerken ist. Wenn aber der Strahlengang im Teleskop durch eine rotierende Blende 30mal in der Sekunde unterbrochen wird, nämlich dann, wenn der Radiopuls eintrifft, so gelangt, falls die optischen Pulse synchron mit den radioelektrischen ankommen, überhaupt kein Licht des Pulsars auf die Platte, während die übrigen Sterne normal erscheinen wie ohne rotierende Blende. Gerade dies ist, und nicht nur im optischen Licht, sondern auch in der Röntgenstrahlung, beobachtet worden: von den kürzesten bis zu den längsten elektromagnetischen Wellen pulst der Stern mit derselben Periode.

Die Wiederholung der Pulse wird der Rotation des Sternes zugeschrieben. Wenn dies richtig ist, kann sein Durchmesser nicht mehr als einige Kilometer betragen, indem größere Sterne bei dieser schnellen Rotation auseinandergerissen würden. Auch die sehr kurze Dauer der Pulse läßt darauf schließen, daß mindestens der strahlende Teil des Sternes sehr klein sein muß. Nimmt man, mangels besseren Wissens, die Masse des Sternes gleich derjenigen der Sonne an, so ergibt sich eine Dichte von hundert bis tausend Billionen Gramm pro Kubikzentimeter. Auf diesen kleinen, überdichten Kern ist der Stern bei einem Kollaps zusammengebrochen, nachdem er seine Atomenergie aufgebraucht hatte. Da das Drehmoment bei der Schrumpfung konstant bleibt, muß die Winkelgeschwindigkeit zunehmen. Ebenso wird das Magnetfeld komprimiert und steigt auf etwa eine Billion Gauß an gegenüber einer Feldstärke von Hunderten bis höchstens Tausenden von Gauß vor dem Kollaps.

Der den Pulsar umgebende ausgedehnte Nebel strahlt nur in den äußeren Bereichen zufolge seiner hohen Temperatur.

Die Strahlung aus seinen inneren Gebieten ist von gänzlich anderer Natur. Es ist ein bläuliches Licht, in dessen Spektrum keinerlei Linien auftreten. Dieses entsteht durch energiereiche Elektronen, die mit sehr hoher Geschwindigkeit im Magnetfeld umlaufen. Die bei ihrer Bewegung dauernd beschleunigten Elektronen emittieren je nach ihrer Energie und der Stärke des Magnetfeldes elektromagnetische Strahlung vom kurzwelligsten (Röntgen- und γ-Strahlung) bis zum langwelligsten (Radiostrahlung) Bereich. Diese Strahlung ist bei irdischen Beschleunigungsmaschinen schon lange bekannt. Bei diesen werden die Ladungsträger durch ein Magnetfeld auf eine Kreisbahn gezwungen und bei jedem Umlauf durch ein elektrisches Feld beschleunigt. Wenn die Energie hinreichend hoch geworden ist, beginnt der Teilchenstrahl in diesem Synchrotron zu leuchten. Man spricht deshalb auch bei der Emission des Krabbennebels von Synchrotronstrahlung. Sie ist so stark, daß der Nebel bereits nach wenigen Jahren erschöpft sein sollte. Da er aber schon seit 900 Jahren strahlt, muß die verpuffte Energie dauernd ersetzt werden. Der Energielieferant ist der kleine Pulsar. Er rotiert samt dem Magnetfeld wie der Rotor einer Dynamomaschine. Dabei werden in der elektrisch gut leitenden Umgebung hohe elektrische Spannungen induziert, welche die Teilchen auf Energien von vielen Milliarden Elektronenvolt beschleunigen. Die Energie der Ausstrahlung stammt somit schließlich aus der Rotation des Pulsars. In rund tausend Jahren nimmt seine Drehgeschwindigkeit auf etwa die Hälfte ab. Die Genauigkeit der Messung der Rotationsdauer ist so groß, daß sich die Verlangsamung schon nach wenigen Wochen feststellen läßt. Man hält heute dafür, daß alle Pulsare Überreste von Supernovae sind. Da alle eine längere Rotationsdauer besitzen als der Krabbenpulsar, müssen sie wesentlich älter sein als dieser. Die meisten dürften ein Alter von ein bis zu zehn Millionen Jahren haben.

Die Strahlung eines Pulsars als solche kann in allgemeinen Zügen verstanden werden. Schwieriger zu beantworten ist die Frage, warum wir sie in Form von diskreten Pulsen erhalten. Die Erscheinung ist ähnlich einer rotierenden Radarantenne oder dem rotierenden Scheinwerfer eines Leuchtturmes; in beiden Fällen blinkt der Sender bei jedem Umlauf einmal kurz auf. Gewiß ist die Synchrotronstrahlung, anders als die isotrop verteilte thermische Strahlung, stark richtungsabhängig, indem sie vorwiegend in der Bewegungsrichtung emittiert wird. Dies bewirkt aber noch keine gepulste Strahlung, sofern der Pulsar rotationssymmetrisch gebaut ist. Er muß offenbar von dieser Symmetrie abweichen, auf eine Art flekkig sein oder einer gerichteten Ausströmung unterliegen. Es drängt sich die Vorstellung auf, daß die magnetische Achse des rotierenden Neutronensterns gegen die Rotationsachse geneigt ist, wie auch die magnetische Achse der Erde von ihrer Drehachse abweicht. Erfolgt die Ausstrahlung vorwiegend in Richtung der Magnetfeldachse, so überstreicht der Strahlenkegel bei jedem Umlauf ein schmales Band an der Himmelssphäre. Dabei wird die Erde, sofern sie sich in diesem Band befindet, bei jeder Umdrehung für einen kurzen Moment vom Strahl getroffen.

Cygnus X 1

Die Erforschung des Weltalls von außerhalb der Atmosphäre im Raketen- und Satellitenzeitalter hat eine große Zahl von Entdeckungen neuartiger Erscheinungen und Objekte gebracht. Zu den sensationellsten gehört die Auffindung von Röntgensternen. Nach dem Planckschen Strahlungsgesetz emittieren heiße Körper, also insbesondere die Sterne, alle Wellenlängen elektromagnetischer Strahlung, und dazu gehören auch die Röntgenstrahlen. Allerdings ist deren Intensität so gering, daß sie selbst bei der Sonne auch heute noch nicht nachgewiesen werden können. Die Röntgenstrahlung wird erst kräftig, wenn die Temperatur sehr hoch steigt. Schon um 1940 war bekannt, daß die äußerste Atmosphäre der Sonne, die Korona, eine Temperatur von etwa zwei, lokalisierte Gebiete in ihr, die Kondensationen, sogar eine solche von bis zu zehn Millionen Grad besitzen. Zwar wurde schon damals eine Röntgenstrahlung dieser Gebiete vorausgesagt, ein Nachweis war aber nicht möglich, da diese Strahlung in den höchsten Schichten der irdischen Atmosphäre absorbiert wird. Sie wurde aber bereits anläßlich eines der ersten Raketenaufstiege im Jahre 1949 entdeckt. Diese durch die hohe Temperatur bedingte sogenannte thermische Röntgenstrahlung ist jedoch im Verhältnis zur Lichtemission so schwach, daß sie, falls die Sonne in Sternentfernung stände, unbeobachtbar bliebe. Deshalb ist noch bei keinem Stern, auch nicht bei solchen, welche eine Korona besitzen, thermische Röntgenstrahlung entdeckt worden.

Bei den Röntgensternen handelt es sich um eine völlig andere Klasse von kosmischen Objekten und um einen anderen Mechanismus der Erzeugung von Röntgenstrahlen. Die Intensität der Röntgenemission dieser Objekte kann derjenigen der optischen gleichkommen oder diese sogar übertreffen. Die ersten Abtastungen des Himmels mit Röntgenteleskopen haben um 1962 zu der Vorstellung geführt, daß es Röntgenquellen von sehr kleinem Durchmesser, vielleicht sogar punktförmige, also Röntgensterne, geben müsse. Es versteht sich, daß die intensivsten Quellen zuerst entdeckt wurden, und dazu gehört Cygnus X 1. Dieser interessante Röntgenstern ist seit 1966 und besonders seit 1971, als er auf das

Beobachtungsprogramm des UHURU-Röntgensatelliten gesetzt worden war, einläßlich erforscht worden. Vor allem wurde, nachdem seine Position einmal genau bekannt war, nach seiner Radioemission und seiner optischen Identifikation gesucht. Im Radiobereich ist das Objekt offensichtlich variabel, häufig überhaupt nicht nachweisbar und in der übrigen Zeit stets sehr schwach. Optisch konnte die Röntgenquelle mit dem Stern identifiziert werden, der in dem «Henry Draper Extension» benannten Sternkatalog die Nummer 226868 besitzt. Es ist ein Stern 9. Größe, ein Überriese von der Spektralklasse B. Aus den periodischen Verschiebungen der Linien seines Spektrums muß geschlossen werden, daß hier ein Doppelsternsystem vorliegt. Da die Periode jener Verschiebungen, bei welcher es sich um die Umlaufperiode des Systems handelt, nur 5,6075 Tage beträgt, müssen die beiden Komponenten sehr nahe beisammenstehen, so daß sie aus der über 3000 Lichtjahre betragenden Entfernung betrachtet gar nicht einzeln gesehen werden können. Weil in diesem Fall die Doppelsternnatur nur aus den Linienverschiebungen erschlossen werden kann, spricht man von einem spektroskopischen Doppelstern. Wenn in einem solchen die beiden Komponenten nicht allzu verschiedene Helligkeiten besitzen, erkennt man im Spektrum die Überlagerung ihres im allgemeinen zu verschiedenen Spektralklassen gehörenden Lichtes und vor allem eine gegenläufige Verschiebung der Linien des Hauptsterns und derjenigen des Begleiters. Im Spektrum von Cygnus X 1 ist jedoch nur der Hauptstern zu erkennen; der Begleiter ist optisch nicht nachweisbar. Auch bei einem einfachen Stern können periodische Linienverschiebungen auftreten, nämlich wenn er pulsiert, seine Atmosphäre sich somit abwechslungsweise aufbläht und wieder zusammenzieht. In diesem Falle ändern sich aber mit der Pulsation auch der Spektraltyp, die Temperatur und die Helligkeit; derartige Variationen sind jedoch bei unserem Stern nicht festgestellt worden. Die Beobachtungen der Röntgenstrahlung haben die Doppelsternnatur vollends sichergestellt und überdies gezeigt, daß diese Strahlung von dem optisch unsichtbaren Begleiter stammt.

Zunächst ist der Betrag der Röntgenemission erstaunlich. Sie ist tausendmal größer als die gesamte Licht- und Wärmestrahlung der Sonne, und überdies unterliegt sie verschiedenen periodischen und aperiodischen Variationen. Die markanteste besteht im plötzlichen Verschwinden der Strahlung und im ebenso momentanen Wiedererscheinen der vollen Intensität. Dieser Ausfall der Strahlung wiederholt sich mit den Linienverschiebungen, also nach jeweils 5,6 Tagen, und ist bedingt durch das Verschwinden der Röntgenkomponente hinter dem Hauptstern. Da der Übergang von der vollen Intensität zu ihrem völligen Verschwinden und ebenso das Wiedererscheinen schlagartig erfolgt, muß der Röntgenstern sehr klein, praktisch punktförmig sein. Dieses wichtige Resultat wird durch weitere Beobachtungen bestätigt. Da sind einmal die Strahlungsstöße, von denen die kürzesten nur etwa einige Millisekunden dauern. In dieser Zeit legt die Strahlung eine Distanz von einigen tausend Kilometer zurück. Wäre die Ausdehnung der Strahlungsquelle wesentlich größer als diese Distanz, würden die Signale vom näheren und vom entfernteren Ende zu verschiedener Zeit eintreffen, der Strahlungsstoß somit in die Länge gezogen werden. Generell läßt sich sagen, daß eine Strahlungsquelle nicht wesentlich ausgedehnter sein kann als so viele Lichtsekunden, als das Licht Sekunden braucht, diese zu durchlaufen. Des weiteren liefert der Begleiter Röntgenstrahlung von ungewöhnlich kleiner Wellenlänge, sogenannte harte Röntgenstrahlung. Bei dem noch zu beschreibenden Mechanismus der Erzeugung von Röntgenstrahlen wird sich zeigen, daß diese bis zu um so kürzeren Wellen reichen, je kleiner der Stern ist.

Die Röntgenintensität von Cygnus X 1 ist durch dauernde Fluktuationen charakterisiert: schnelle, langsame und solche, die sich über Jahre erstrecken. Innerhalb weniger Sekunden kann sich die Intensität bis zu 25% ändern. Diese Variationen sind – jedenfalls zum überwiegenden Teil – aperiodisch. Frühere Beobachtungen mit Raketen ließen Perioden von 290 Millisekunden und 1,1 Sekunden erkennen, spätere jedoch überhaupt keine Veränderungen mehr. Beobachtungen des UHURU-Satelliten scheinen für die Abfolge der

Strahlungsstöße ein Intervall von 73 Millisekunden zu ergeben. Diese gepulste Strahlung tritt aber jeweils nur kurzzeitig auf. Falls sich jene Pulsfrequenz bestätigen sollte, wäre Cygnus X 1 nach dem Zentralstern des Krabbennebels der zweite Röntgenpulsar, allerdings von anderer Natur als dieser, denn er pulst weder im optischen noch im Radiobereich, und es sind keinerlei Überreste einer Supernova-Explosion, die vor etwa zehntausend Jahren stattgefunden haben müßte, zu erkennen.

Es gilt nun, für unseren Doppelstern ein Modell zu postulieren, welches die allerdings noch etwas fragmentarischen Beobachtungen zu erklären gestattet. Einigermaßen zuverlässig kann die Masse der Hauptkomponente abgeschätzt werden, da diese die Spektralklasse B aufweist. Solche Sterne haben nach der Abbildung auf S. 15 eine Masse, die um 20 Sonnenmassen liegt. Man wird wohl kaum irren, wenn man für den Hauptstern als untere Grenze seiner Masse 12 Sonnenmassen annimmt. Die Masse des gesamten Systems erhält man aus dem dritten Keplerschen Gesetz; dazu wird noch die aus den Linienverschiebungen genau bekannte Umlaufgeschwindigkeit, die ebenfalls genau bekannte Umlaufzeit und die nur ungefähr bekannte Neigung der Bahnebene benötigt. Je nach der Annahme über die Masse der Hauptkomponente erhält man für diejenige des Begleiters Werte, welche zwischen 5 und 15 Sonnenmassen liegen.

Aus Umlaufzeit und -geschwindigkeit ergibt sich der Bahnradius zu nur etwa 8 Sonnenradien, was bedeutet, daß die beiden Sterne sich gegenseitig deformieren und sich entweder berühren oder daß zumindest der schmale Raum zwischen ihnen mit Gasen in Form einer Brücke erfüllt ist. Es handelt sich um ein sogenanntes halbgetrenntes Doppelsternsystem. Das Gas zwischen diesen beiden Komponenten kann man im Spektrum an den Emissionslinien erkennen, während der Stern ein kontinuierliches Spektrum mit Absorptionslinien aufweist.

Weder die Existenz eines Doppelsternes noch die Natur des optisch allein beobachtbaren Hauptsternes bieten etwas Besonderes. Um so geheimnisvoller ist der unsichtbare Begleiter. Seine Masse ist ein Vielfaches der Sonnenmasse, sein Volumen aber kleiner, wahrscheinlich sogar sehr viel kleiner als das Volumen der Erde. Die Dichte in diesem ungewöhnlichen Stern ist somit sicher viele millionenmal, vielleicht sogar viele billionenmal größer als diejenige des Wassers. Derart unvorstellbare Konzentrationen der Materie erfahren die Sterne am Ende ihrer Entwicklung, wenn sie ihre Reserven an Atomenergie verbraucht haben. Eines dieser Endstadien sind die weißen Zwerge (Abb. S. 15), welche die Masse eines Sternes, jedoch die Größe eines Planeten und damit eine Dichte von der Größenordnung einer Tonne pro Kubikzentimeter besitzen. Wohl das bekannteste Beispiel dafür ist der Begleiter des Sirius. Es sind aber noch viel höhere Dichten denkbar, nämlich wenn der Druck so groß wird, daß die unter normalen Bedingungen aus positiven und negativen Elementarteilchen bestehende Materie zu einem neutralen Brei verschmilzt. Die Dichte ist dann derjenigen in einem Atomkern vergleichbar, würde also gegen tausend Billionen Gramm pro Kubikzentimeter betragen. Ein solcher Neutronenstern von der Masse der Sonne hätte einen Durchmesser von nur rund zehn Kilometer! Das bekannteste Beispiel für dieses Endstadium der Sternentwicklung ist der Zentralstern des Krabbennebels, des Überbleibsels einer im Jahre 1054 beobachteten Supernova-Explosion. Dieser und andere Sterne dieser Kategorie sind Pulsare, was bedeutet, daß wir von ihnen die Strahlung nicht kontinuierlich, sondern in einzelnen Stößen erhalten. Die Pulse können in Abständen von einigen Hundertstel bis zu einigen Sekunden aufeinanderfolgen, in jedem Fall aber mit ungewöhnlich hoher Konstanz. Auch die Röntgenquelle in Cygnus X 1 ist ein, allerdings intermittierender, Pulsar mit einem Pulsintervall von 0,073 Sekunden. Dieses Intervall wird als die Rotationsdauer gedeutet. Damit wir die Strahlung in einzelnen Paketen erhalten, muß zusätzlich angenommen werden, daß die Emission nicht nach allen Seiten gleichförmig erfolgt, sondern aus im einzelnen noch nicht durchschaubaren Gründen nur in einer oder allenfalls nur in einzelnen Richtungen wie die Ausspritzungen des Wassers eines rotierenden Rasensprengers.

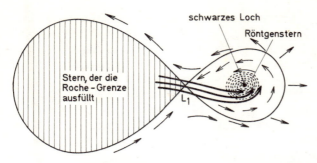

Versuch einer bildlichen Darstellung des Systems Cygnus X 1, ähnlich der Abbildung auf S. 126. Möglicherweise besitzt der Röntgenstern einen so massereichen, überdichten Kern, daß dieser zu einem schwarzen Loch wird.

Aus den beschriebenen Beobachtungen läßt sich das oben dargestellte Bild von Cygnus X 1 entwerfen. Die die beiden Komponenten umschließende Schleife in Form einer Acht ist, räumlich betrachtet, eine Fläche konstanter potentieller Energie. Bei einem Einzelstern sind diese Äquipotentialflächen kugelförmig. Bei Doppelsternen sind sie durch die Überlagerung der beiden Gravitationsfelder birnenförmig deformiert. Von besonderem Interesse ist der Lagrangesche Schnittpunkt L_1, in welchem die Gravitation nach links zum Hauptstern gleich groß ist wie diejenige nach rechts zum Begleiter. Der sich im Laufe seiner Entwicklung expandierende Überriese hat bereits die Birne, die sogenannte Rochesche Grenze, ausgefüllt, und die den Punkt L_1 überschreitende Materie fällt in das «Potentialloch» des Begleiters. Es fließt dauernd ein Gasstrom vom Haupt- zum Nebenstern, wobei dieser so viel Materie auffängt, wie jener verliert. Da der Begleiter sehr klein ist, fällt die Materie tief und gewinnt dabei eine hohe Energie. Schließlich dringt sie in die dichteren Gebiete ein, wo sie abgebremst und ihre Energie in Röntgenstrahlung verwandelt wird. Die starken Fluktuationen der Intensität der Röntgenstrahlung dürften in einem stoßweisen Materiefluß ihre Ursache haben, denn diesen hat man sich eher hochgradig turbulent denn als stationär vorzustellen.

149

Zu diesen Erscheinungen, die zwar ungewöhnlich, aber nicht einmalig sind, kommt bei Cygnus X 1 eine Besonderheit, die seit Jahren die Aufmerksamkeit der Astrophysiker auf sich gezogen hat. Die Beobachtungen führen unausweichlich zum Schluß, daß der unsichtbare Begleiter sehr klein sein muß, etwa ein weißer Zwerg oder ein Neutronenstern. Die erste Alternative kann aber sogleich ausgeschlossen werden, da die Stabilität eines weißen Zwerges nicht zuläßt, daß er mit einer Periode von 0,073 Sekunden pulsiert oder rotiert. Überdies haben die weißen Zwerge eine Masse vergleichbar mit derjenigen der Sonne. Neutronensterne, wie etwa der Zentralstern des Krabbennebels, die aus einer Supernova hervorgegangen sind, besitzen nach der Explosion etwa die doppelte oder dreifache Masse der Sonne. Der Begleiter von Cygnus X 1 aber ist mindestens fünfmal, vielleicht zehn- oder sogar fünfzehnmal massereicher als die Sonne, und darin liegt seine Besonderheit. Auch wenn der untere Grenzwert zutreffen sollte, übersteigt seine Masse diejenige für stabile Neutronensterne erheblich. Die Gravitationskräfte werden dann so groß, daß der Druck den vollständigen Kollaps des Materieklumpens nicht zu verhindern vermag. Dadurch steigt an der nochmals kleiner gewordenen Oberfläche die Gravitation erneut an, verstärkt noch durch die dauernd zuströmende Materie. Die Lichtquanten, die von einer Sternoberfläche ausgesandt werden, verbrauchen einen Teil ihrer Energie, um aus dem Schwerefeld herauszukommen. Solare Lichtquanten haben deshalb bei ihrer Ankunft auf der Erde eine kleinere Energie als beim Verlassen der Sonne. Bei den meisten Sternen ist dieser Effekt unbedeutend, wird aber mit zunehmender Gravitationsbeschleunigung, also bei den zusammengeschrumpften weißen Zwergen oder gar bei den Neutronensternen, immer stärker, und schließlich wird einmal der Fall eintreten, daß die Energie der Photonen überhaupt nicht mehr ausreicht, das Schwerefeld zu überwinden. Aus einem solchen Stern, schwarzes Loch genannt, kann keinerlei Strahlung in die Außenwelt gelangen; er bleibt unsichtbar, gleichgültig in welchem Spektralbereich man beobachtet, und nur durch seine Gravitation verrät er seine Existenz. Schon 1916 hat K. Schwarzschild die Möglichkeit schwarzer Löcher erkannt und berechnet, daß die Sonne zu einem solchen würde, falls sie sich bei einem Kollaps auf eine Kugel von 6 Kilometer Durchmesser zusammenzöge. Unter den für Cygnus X 1 erhaltenen – zugegebenermaßen in mancher Hinsicht noch etwas unsicheren – Zustandsgrößen ist der Schluß nicht zu umgehen, daß hier zum erstenmal ein schwarzes Loch entdeckt worden ist. In dieses fällt dauernd Materie hinein, aber es kommt nichts heraus. Dieses Loch, dessen Durchmesser nur noch Kilometer mißt, enthält praktisch die ganze Masse des Begleiters und ist von einer viel größeren, kosmisch gesehen jedoch immer noch sehr kleinen Hülle umgeben, welche die Quelle der Röntgenstrahlung ist. Je tiefer die Materie in diese Hülle hineinspiralt, um so mehr Energie gewinnt sie und um so härter, also kurzwelliger, ist die Röntgenstrahlung, welche bei ihrer Abbremsung emittiert wird.